老 子

老　子◎著

北方妇女儿童出版社

目录

观古阅今 / 1
辅导讲坛 / 5
原典新释 / 9

序
阅读图解 / 5

6　阅读结构图解
8　阅读提纲图解
10　作者年谱图解
14　名家点评图解

上篇　道经

10　第一章
12　第二章
14　第三章
16　第四章
18　第五章
20　第六章
22　第七章
24　第八章
26　第九章
28　第十章
30　第十一章
32　第十二章
34　第十三章
36　第十四章
38　第十五章
40　第十六章
42　第十七章
44　第十八章
46　第十九章
48　第二十章
51　第二十一章
53　第二十二章
55　第二十三章
57　第二十四章
59　第二十五章
61　第二十六章
63　第二十七章
65　第二十八章
67　第二十九章
69　第三十章
71　第三十一章
73　第三十二章
75　第三十三章
77　第三十四章
79　第三十五章
81　第三十六章
83　第三十七章

下篇　德经

85	第三十八章	135	第六十二章
88	第三十九章	137	第六十三章
90	第四十章	139	第六十四章
93	第四十一章	142	第六十五章
95	第四十二章	144	第六十六章
97	第四十三章	146	第六十七章
99	第四十四章	148	第六十八章
101	第四十五章	150	第六十九章
103	第四十六章	152	第七十章
105	第四十七章	152	第七十一章
		156	第七十二章
107	第四十八章	158	第七十三章
109	第四十九章	160	第七十四章
111	第五十章	162	第七十五章
113	第五十一章	164	第七十六章
115	第五十二章	166	第七十七章
117	第五十三章	168	第七十八章
119	第五十四章	170	第七十九章
121	第五十五章	172	第八十章
123	第五十六章	174	第八十一章
125	第五十七章		
127	第五十八章		
129	第五十九章		
131	第六十章		
133	第六十一章		

延伸阅读 / 187
古韵体验 / 183

188　文化延伸
189　名家链接
190　经典语录

序

中华民族要实现伟大复兴，必须有凝聚力。凝聚力的基础是人民具有民族自尊心、自信心，而民族自尊心、自信心的根本来源于对民族文化优秀传统的明确认知。

值得欣慰的是，博大精深的中华传统文化，蕴含着丰富的精神资源。生生不已的变易之道，居安思危的忧患意识，富贵不淫、贫贱不移的大丈夫气概，民为邦本的政治哲学，正德、利用、厚生相统一的精神物质兼顾的文明观，等等，都是开启今人智慧、滋养今人心灵的营养。

为了适应全民阅读的需求，我们本着以弘扬传统文化、传承中华文明为宗旨，精心设计了这套深入浅出，今古相合，适合全民阅读和理解古代先贤智慧的《中华国学经典全民阅读书库》。

本书特点鲜明，以采用多视角、多元化、多维度的图解式为启动引擎，每册图书分为六大版块：阅读图解、观古阅今、辅导讲坛、原典新释、古韵体验和延伸阅读；通过这些版块，详细生动地从不同功用上对丛书之每一国学经典进行全方位的介绍，辅助读者理解古籍中生僻难解之处，有益于在古诗文学习上的理解和提高。

国学，作为一种历史、一种传统、一种文化、一种非物质文化遗产，它所蕴藏的经验、智慧和启示，穿越时空延展至今。我们用它来化解心灵的危机，解释当下的生存困境，救赎迷惘的灵魂。我们正处在现代化进程中，需要从古籍中发掘中华民族固有的传统文化基因作为促进社会进步的重要支撑点，这正是全民阅读国学重要性之所在。

国学流传了几千年，不腐更不会朽，它是清新而流动的活水，万古长青，生机盎然。有鉴于此，我们组织学术界的一流专家，编辑了这套图书，以飨读者。

编者
2015年3月

阅读结构图解

No.1
阅读图解：这部分内容用和谐的色彩和图形来对本书作者、历史影响等内容进行解读，简单、清晰、直观，有利于读者轻松把控和阅读本书。

No.2
观史阅今：这部分包括本书的历史传承、影响，以及本书的历史地位、作用、意义等内容，起到点睛之笔的作用，能够让读者做到对经典著作的深入和精细化阅读。

No.3
辅导讲坛：用简短、精炼的语言对每一篇的内容进行概括、总结，以期读者更加快速地从宏观角度掌握本书的主要内容。

No.5
古韵体验：用体验的方式阅读，具有亲历性和验证性，当把书籍的内容用在实际中，是活学活用，也是学以致用，《老子》对我们理政、经商、治学、教育等均有广泛用途，有针对性地用在实践中，是我们阅读的目的。

No.4
原典新释：选取和本书相关的人物、图书、影视以及经典的词句、思想等内容，以增加读者的文化积淀，拓宽视野，培育创造力。

No.6
延伸阅读：这部分内容包括原典、注释、译文和铭记链接，侧重对原典的正确解读，注释译文力求简明准确，链接知识紧扣文本，重在凸显原典主旨，弘扬传统文化。

阅读提纲图解

1.《老子》又称《道德经》《道德真经》《老子五千文》及《五千言》，是春秋时代老子的著作，在秦时《吕氏春秋·注》称为《上至经》，是中国历史上首部完整的哲学著作，同时也是中国历史上最伟大的名著。

2.据《楼观先师传》和《楼观本记》记载，在周昭王二十五年，相传老子西出函谷关之前，被"关令尹喜"求留，在楼南高冈筑台，挽留老子求其著述，老子述五千言《道德经》授之尹喜，倒骑青牛而去，不知所终。

原文部分参照多家白话文本及诸家注、疏、笺、校本，文章经梳理后，以中国现代标点符号标明句读，以方便读者阅读。

注释部分是对古今异义（异音）、生僻、难解等词语进行注释，力求准确严谨，古今相通，简洁明白，便于读者阅读。

第一章

原文

道，可道也①，非恒道也②。名，可名也③，非恒名也。"无"，名天地之始；"有"，名万物之母。故，常"无"④，欲以观其妙；常"有"⑤，欲以观其徼。此两者，同出而异名，同谓之玄⑥。玄之又玄⑦，众妙之门⑧。

注释

①第一个"道"是名词，指的是宇宙的本原和实质，引申为原理、原则、真理、规律等。第二个"道"是动词，指解说、表述的意思，犹言"说得出"。
②恒：一般的，普通的。
③第一个"名"是名词，指"道"的形态。第二个"名"是动词，说明的意思。
④无：指无形。
⑤有：指有形。
⑥谓：称谓。此为"指称"。
⑦玄：深黑色，玄妙深远的含义。
⑧门：之门，一切奥妙变化的总门径，此用来比喻宇宙万物的唯一原"道"的门径。

3. 文约义丰，涵盖哲学、伦理学、政治学、军事学等诸多学科，其内容朴素自然、深入浅出、洞玄察微、发人深省、包罗万象，被后人尊奉为治国、齐家、修身、为学的宝典。

4. 老子，姓李名耳，字聃，楚国苦县厉乡曲仁里人，约生活于前571年至471年之间。是我国古代伟大的哲学家和思想家、道家学派创始人，老子被尊为道教始祖。老子与后世的庄子并称老庄。

译文

"道"如果可以用言语来表述，那它就是常"道"（"道"是可以用言语来表述的，它并非一般的"道"）；"名"如果可以用文辞去命名，那它就是常"名"（"名"也是可以说明的，它并非普通的"名"）。"无"可以用来表述天地浑沌未开之际的状况；而"有"，则是宇宙万物产生之本原的命名。因此，要常从"无"中去观察领悟"道"的奥妙；要常从"有"中去观察体会"道"的端倪。无与有这两者，来源相同而名称相异，都可以称之为玄妙、深远。它不是一般的玄妙、深奥，而是玄妙又玄妙、深远又深远，是宇宙天地万物之奥妙的总门（从"有名"的奥妙到达无形的奥妙，"道"是洞悉一切奥妙变化的门径。

译文部分参考诸家注、疏、笺、校本，以现代白话的形式解说文言文原文，以帮助现代读者理解原文，明白其意思。

经典语录

三十辐，共一毂，当其无，有车之用。埏埴以为器，当其无，有器之用。凿户牖以为室，当其无，有室之用。故有之以为利，无之以为用。

五色令人目盲；五音令人耳聋；五味令人口爽；驰骋畋猎，令人心发狂；难得之货，令人行妨。是以圣人为腹不为目，故去彼取此。

宠辱若惊，贵大患若身。

经典语录是对文章内涵的延伸，所选内容和名言都是本书中知名度最高、对后人启发最深刻的，能够拓展读者视野，加深读者记忆，提高阅读质量。

作者年谱图解

约前570年 — 老聃出生。拜商容为师主,商容通天文地理,博古今礼仪,深受老聃一家敬重。

约前560年 — 商老先生推荐师兄周太学博士为老聃的老师。

约前530年 — 老聃居周日久,学问日深,声名日响。春秋时称学识渊博者为"子",以示尊敬,因此,人们皆称老聃为"老子"。

约前523年 — 孔子在周都求见老聃。

老聃任周守藏室史，母亲已辞世。老聃悲痛欲绝，沉思冥想，恍然悟道，如释重负。

约前 521 年

周王室发生内乱，老聃蒙受失职之责，于是离宫归隐，西游秦国遇见函谷关守关官员关尹。

约前 516 年

老聃行至梁（今河南开封）之郊外，偶遇阳子居，并点化阳子居。

约前 515 年

孔丘至五十一岁，仍未学得大道。闻老聃回归宋国沛地隐居，特携弟子拜访老子。老子与孔子论道。

约前 505 年

老子在函谷关前老聃将他的智慧一个字一个字地写在了简牍上，取名为《道德经》，上篇叫《道经》，下篇叫《德经》，又分成八十一章。

约前 502 年

作者生平

老子(约公元前571年—前471年):字伯阳,谥号聃,又称李耳(古时"老"和"李"同音;"聃"和"耳"同义),楚国苦县厉乡曲仁里人。曾做过周朝"守藏室之官"(管理藏书的官员),是中国最伟大的哲学家和思想家之一,被道教尊为教祖,世界文化名人。

老子的思想主张是"无为",《老子》以"道"解释宇宙万物的演变,"道"为客观自然规律,同时又具有"独立不改,周行而不殆"的永恒意义。《老子》书中包括大量朴素辩证法观点,如以为一切事物均具有正反两面,并能由对立而转化,是为"反者道之动","正复为奇,善复为妖","祸兮福之所倚,福兮祸之所伏"。又以为世间事物均为"有"与"无"之统一,"有、无相生",而"无"为基础,"天下万物生于有,有生于无"。

老子的哲学思想和由他创立的道家学派,不但对中国古代思想文化的发展作出了重要贡献,而且对中国2000多年来思想文化的发展产生了深远的影响。关于他的身份,还有人认为他是老莱子,也是楚国人,跟孔子同时,曾著书十五篇宣传道家之用;还有人认为是周太史儋(dān),生活在孔子死后一百多年的时间里。著名史学家司马迁在其《史记》的《老子韩非列传》中即说明了当时对老子何其人有过此两种猜测。"或曰:老子亦老莱子也,著书十五篇,言道家之用,与孔子同时云。"当时司马迁也疑老子即为老莱子,并不是道家创始人。

老子在出函谷关前著有五千言的《老子》一书,又名《道德经》或《道德真经》。《道德经》《易经》和《论语》被认为是对中国人影响最深远的三部思想巨著。《道德经》分为上下两册,共81章,前37章为上篇道经,第38章以下属下篇德经,全书的思想结构是:道是德的"体",德是道的"用"。全文共计五千字左右。

老子试图建立一个囊括宇宙万物的理论。

老子认为一切事物都遵循这样的规律（道）：事物本身的内部不是单一的、静止的，而是相对复杂和变化的。事物本身即是阴阳的统一体。相互对立的事物会互相转化，即是阴阳转化。方法（德）来源于事物的规律（道）。老子的"无为"并不是以"无为"为目的，而是以"有为"为目的。因为根据之前提到的"道"，"无为"会转化为"有为"。这种思想的高明之处在于，虽然主观上不以取得利益为目的，客观上却可以更好地实现利益。

老子既是周的史官，因此《汉书·艺文志》说："道家者流，盖出于史官"。此话并不是没有道理的。至于班固的诸子均出于王官说，又当别论。金德建《老聃学说出于史官考》认为："老聃学说的来历，大约是因为做周史的缘故"。他列举了《左传》《国语》《论语》《大戴礼记》等书中史官属于格言形式的话，并将16条有关材料与《老子》相对照。比如《左传》成公二年：'仲尼闻之曰：唯器与名，不可以假人。'《左传》昭公三十二年：慎器与名，不可以假人。《左传》这些话，显然是《老子》的'国之利器，不可以示人'（第三十六章）的语意所本。从这些材料的对比中，说明《老子》的语句，是"史官们向来保存的知识"。可见，《老子》与史官的知识有其思想上的渊源。

老子的著作、思想早已成为世界历史文化遗产的宝贵财富。欧洲从十九世纪初就开始了对《道德经》的研究，到二十世纪的四五十年代，欧洲共有60多种《道德经》译文，德国哲学家黑格尔、尼采，俄罗斯大作家托尔斯泰等世界著名学者对《道德经》都有深入的研究，并都有专著或专论问世。

名家点评图解

老子思想的集大成——《道德经》，像一个永不枯竭的井泉，满载宝藏，放下汲桶，唾手可得。

——尼采

东方古代世界的代表者。

——黑格尔

每个德国家庭买一本中国的《道德经》，以帮助解决人们思想上的困惑。

——德国总理施罗德

吾今日见老子，其犹龙耶！
——《史记·老子列传》，孔子

关尹、老聃乎，古之博大真人哉！
——《庄子·天下篇》，庄子

老子之书，上之可以明道，中之可以治身，推之可以治人。
——《老子本义》，魏源

老子是中国哲学的鼻祖，是中国哲学史上第一位真正的哲学家。
——胡适

春秋战国是中国文化大发展的时期，实现了中国思想文化史上由卜巫的宗教迷信文化向以人为中心的理性人文文化的历史转型。在春秋这个转型期，尽管夏商周以来的传统观念仍在人们心中起着巨大的作用，普遍地发生着影响。周天子及其诸侯政治权威的动摇与衰落，学在官府局面的被打破，随之而出现的学术下移、典籍、文化走向民间等社会方方面面的变化，又引起了人们思想观念的某种改变，这些变化正是春秋时期思想文化转型得以实现的历史条件。

春秋时期并没有一种广泛流行的宗教，但是我国本土宗教道教已经开始萌芽。而道教的创始人老聃则是将道教引入了这个中华文明的大黄金时代，并使道教在这个时期占据了一席之地。尤其是千古奇书《老子》的问世，标志老子的道家思想达到了登峰造极的高度。

老子故里鹿邑县亦因老子先后由苦县更名为真源县、卫真县、鹿邑县，并在鹿邑县境内留下许多与老子息息相关的珍贵文物。老子是世界文化名人，世界百位历史名人之一，存世有《道德经》又称《老子》，其作品的精华是朴素的辩证法，主张无为而治，其学说对中国哲学发展具有深刻影响。在道教中，老子被尊为道教始祖。老子与后世的庄子并称老庄。

《老子》又称《道德经》、《道德真经》、《老子五千文》及《五千言》，是春秋时代老子的著作，在秦时《吕氏春秋·注》称为《上至经》，在汉初则直呼《老子》。自汉景帝起此书被尊为《道德经》，至唐代唐太宗自认是老子李耳之后，曾令人将《道德经》翻译为梵文。唐高宗尊称《道德经》为《上经》，唐玄宗时更尊称此经为《道德真经》。

《老子》原文上篇《德经》和下篇《道经》不分章，后改为《道经》在前，《德经》在后，并分为81章，是中国历史上最伟大的名著。

据《楼观先师传》和《楼观本记》记载，在周昭王二十五年，相传老子西出函谷关之前，被"关令尹喜"求留，在楼南高冈筑台挽留老子求其著述，老子述五千言《道德经》授之尹喜，倒骑青牛而去，不知所终。

这篇"五千言"在不同时期有不同的称谓，春秋末期晋国师旷称之为"《义经》"，周太子晋说是"立义治律"，秦时的《吕氏春秋·注》称之为《上至经》，在汉时则被直呼为《老子》。汉景帝以黄子、老子义礼，改子为经，后杨雄《汉志·蜀王本纪》说"老子为关令尹喜著《道德经》"，《边让老子铭》说"见迫，遗言道德之经"。

汉代时期，东方沿海一带有一个著名的方士，名字叫做河上公。河上公是黄老哲学、道家思想的集大成者。河上公与学生安期生将黄老哲学与燕齐之地神仙学说相结合，开创了方仙道文化，也为道教的诞生在思想体系上奠定了基础，因此在道家，方仙道，道教中具有重要的历史地位。河上公可谓是历史上真正的隐士，其为《老子》作注的《河上公章句》成书最早、流传最广、影响最大，但是其姓名生地无人能知。《神仙传》载："河上公者，莫知其姓名也"。

三国时期，曹魏经学家，魏晋玄学的主要代表人物山阳郡人王弼曾为《道德经》与《易经》撰写注解。由于《道德经》的原文逸散已久，王弼的《道德经注》曾是本书的唯一留传。这种状态一直持续到1973年中国政府在马王堆发现《道德经》的原文为止。

20世纪中期以前比较重要的版本是西汉严遵注本、唐代傅奕所校古本、唐代玄宗注本、唐代所刻《道德经》石幢等，还有河本、想本等，都是汉代以后的版本。

《道德经》版本问题可以说是道德经独有的现象，清代以前《道德经》版本已有103种之多，迄今为止中文校订本共三千多种。在唐朝玄奘高僧就曾经将《道德经》译成了梵文，从16世纪开始，《道德经》又陆续被翻译成了拉丁文、法文、德文、英文、日文等各国文字，据世界教科文组织资料统计，截至2014年为止，可查到的各种外文版的《道德经》典籍也已有一千多种。

截至2014年，学术界较为重视的版本，是王弼的《老子注》版本和长沙马王堆出土的两个抄本。其中长沙马王堆出土的两个抄本称为帛书甲本、乙本，是考古学家于1973年长沙马王堆3号汉墓出土的。这两本书是西汉初年的版本，《德经》在《道经》之前，早王弼本400余年，近些年许多学者推崇帛书，但甲本缺字1400，乙本缺字600。

截至2014年，可见的最早版本，是1993年在湖北荆门郭店楚墓出土的竹简《老子》，版本最为原始、古朴。

本书的阅读,以多视角,多元化,多维度为启动引擎,在阅读时从两个主体部分着眼,就会得到相得益彰的效果。

一、版块辅导

全书共分为六大版块:阅读图解、观史阅今、辅导讲坛、原典新释、古韵体验以及延伸阅读。

图形也是一种语言,但它比文字简练、直观、立体,同时也蕴含着丰富的信息。本书的阅读图解部分就是最好的证明,这部分内容是对整本书的结构概括、作者生平以及本书的历史影响及文学地位的直观展示。

接下来是观史阅今,读者可以从这部分概括性的语言中对本书的意义、传承、影响等方面有一个总体的了解。这样,在阅读原著的时候就能更轻松地领悟作者的思想精髓。

原典新释是本书的重中之重,它主要由原文、注释、译文和经典语录等知识版块组成。梳理原文,并对生僻难解的字词进行注释,同时还配有相应的译文,这些都有利于读者理解国学经典内容。此外,在每一篇文章后面都加了一个紧扣本篇内容的铭记链接知识。这样不仅能加深读者的记忆,而且还开阔了读者的视野,达到了全民阅读"品味经典,弘扬传统文化"的目的。

古韵体验,这也是当我们读完这本经典著作之后的收获和感想。我们都能领悟到作品哪些思想精髓,应该怎么做才能真正地弘扬中华传统文化,实现中华民族的伟大复兴呢?

二、原著辅导

《道德经》原文上篇《德经》和下篇《道经》不分章,后改为《道经》在前,《德经》在后,并分为81章。

"道"这个哲学概念,首经老子提出。

这个颇带东方神秘主义的名词,在《老子》一书中频频出现,它有时似乎在显示宇宙天地间一种无比巨大的原动力;有时又在我们面前描画出天地混沌一片的那种亘古蛮荒的状态;或展示天地初分,万物始生,草萌木长的一派蓬勃生机,如此等等。

从老子对"道"的种种构想中,我们完全可以体味到他对"道"的那种近乎虔诚的膜拜和敬畏的由来。老子对"道"的尊崇，完全源于对自然和自然规律的诚信，这完全有别于那个时代视"天"和"上帝"为绝对权威的思想观念。"道"，对老子来说，仅仅是为了彻底摆脱宗教统治而提出的一个新的根据，它比"上帝"更具权威性。

老子的"道"是具有一种对宇宙人生独到的悟解和深刻的体察，这是源于他对自然界的细致入微的观察和一种强烈的神秘主义直觉而至。这种对自然和自然规律的着意关注，是构成老子哲学思想的基石。

朴素的辩证法，是老子哲学中最有价值的部份。在中国的哲学史上，还从来没有谁像他那样深刻和系统地揭示出了事物对立统一的规律。老子认为，事物的发展和变化，都是在矛盾对立的状态中产生的。对立着的双方互相依存，互相联结，并能向其相反的方向转化。而这种变化，他把它认为是自然的根本性质。

老子的朴素辩证法，对中国文化的影响是极其深远的。传统文学艺术中有不少体现辩证思维的范畴，就与之有明显的渊源联系。与之相关，"虚"与"实"的概念也随之应运而生，而"虚实相生"理论也成为中国古代艺术美学中独具特色的理论。"奇"与"正"这对范畴涉及艺术创作中整齐与变化相统一的创造、表现方法，为中国古代作家、艺术家所常用。"正"指正常、正规、正统、整齐、均衡，"奇"指反常、怪异、创新、参差、变化，二者在艺术创造中是"多样统一"规律的具体表现之一。

老子提倡"无为而治"。他所说的无为，并非不为，而是不妄为，不非为。老子认为，体现"道"的"圣人"，要治理百姓，就应当不尊尚贤才异能，以使人民不要争夺权位功名利禄。老子透露出他的人生哲学的出发点，他既不讲人性善，也不讲人性恶，而是说人性本来是纯洁素朴的，只要人们看不到可以贪图的东西，那么人们就可以保持"无知无欲"的纯洁本性。

老子认为天地是一个物理的、自然的存在，并不具有人类般的理性和感情；万物在天地之间依照自然法则运行，并不像有神论者所想象的那样，以为天地自然法则对某物有所偏爱，或对某物有所嫌弃，其实这只是人类感情的投射作用。同时他还认为"道"是在无限的空间支配万物发展变化的力量,是具有一定物质规律性的统一体。它空虚幽深,因应无穷,永远不会枯竭,永远不会停止运行。这种支配万物发展变化的力量,就是对立统一规律。

《道德经》一方面是谈"道",一方面是论"德"。老子认为"上德"是完全合乎"道"的精神。老子批评儒家"德政"不顾客观实际情况,仅凭人的主观意志加以推行,这不是"上德",而是"不德";而老子的"上德"则是"无以为""无为",它不脱离客观的自然规律,施政者没有功利的意图,不单凭主观意愿办事,这样做的结果当然是无为而无不为,即把"道"的精神充分体现在人间,所以又是"有德"。但是"下德"是"有以为"的"无为",但却抱着功利的目的,任着主观意志办事。

老子把政治分成了两个类型、五个层次。两个类型即"无为"和"有为"。"道"和"德"属于"无为"的类型;仁、义、礼属"有为"的类型。五个层次是道、德、仁、义、礼。这五个层次中,德和仁是最高标准,但"德"只是指"上德",不是"下德"。失道而后德,这是在无为的类型内部说的,失道则沦为下德,那就与上仁相差无几了。失德而后仁,这是指离开了"无为"的类型才有了仁。仁已经是"有为""为之"了,所以"失仁而后义"、"失义而后礼"就是在"有为"范围内所显示出来的不同层次。由此可见老子对政治的最低要求是摒去"薄"和"华",恢复"厚"和"实"。

上篇　道经

第一章

原文

道可道也①，非恒道也②。
名可名也③，非恒名也。
无名④，万物之始也；有名⑤，万物之母也⑥。
故恒无欲也⑦，以观其眇⑧；恒有欲也，以观其所徼⑨。
两者同出，异名同谓⑩。玄之又玄⑪，众眇之门⑫。

注释

①第一个"道"是名词，指的是宇宙的本原和实质，引申为原理、原则、真理、规律等。第二个"道"是动词，指解说、表述的意思，犹言"说得出"。

②恒：一般的，普通的。

③第一个"名"是名词，指"道"的形态。第二个"名"是动词，说明的意思。

④无名：指无形。

⑤有名：指有形。

⑥母：母体，根源。

⑦恒：经常。

⑧眇（miào）：通妙，微妙的意思。

⑨徼（jiào）：边际、边界。引申为端倪的意思。

⑩谓：称谓。甲本、乙本作"胃"，系借字。此为"指称"。

⑪玄：深黑色，玄妙深远的含义。

⑫门：一切奥妙变化的总门径，此用来比喻宇宙万物的唯一原"道"的门径。

译文

可以用言语表述的"道"，它就不是永恒的道；可以用言语说出的"名"，它就不是永恒的"名"。无形无名是天地的始端，有形有名是万物的根源。所以经常没有欲望，以便观察无形（无名）的微妙；要经常有所意识地观察有形（有名）的端倪。"无名"、"有名"都来源于"道"，构成"道"的两种不同的形态和境界，指的是同一个真理。从"有名"的奥妙到达无形的奥妙，"道"是洞悉一切奥妙变化的门径。

阅读延伸

章旨

老子破天荒提出"道"这个概念，作为自己的哲学思想体系的核心。它的涵义博大精深，可从历史的角度来认识，也可从文学的方面去理解，还可从美学原理去探求，更应从哲学体系的辩证法去思维……因此说这一章是《道经》的总纲。

第 二 章

原文

天下皆知美之为美，恶已①；皆知善，斯不善矣②。

有无之相生也③，难易之相成也，长短之相刑也④，高下之相盈也⑤，音声之相和也⑥，先后之相随，恒也。

是以圣人居无为之事⑦，行不言之教，万物作而弗始也⑧，为而弗志也⑨，成功而弗居也。

夫唯弗居，是以弗去。

注释

①恶已：恶，丑。已，通"矣"。

②斯：这。

③相：互相。

④刑：通"形"，此指比较、对照中显现出来的意思。

⑤盈：充实、补充、依存。

⑥音声：汉代郑玄为《礼记·乐记》作注时说，合奏出的乐音叫做"音"，单一发出的音响叫做"声"。

⑦圣人居无为之事：圣人，古时人所推崇的最高层次的典范人物。居，担当、担任。无为，顺应自然，不加干涉，不必管束，任凭人们去干事。

⑧作：兴起、发生、创造。

⑨弗志：弗，不；志，指个人的志向、意志、倾向。

译文

天下都知道美之所以为美,丑的观念也就产生了;都知道善之所以为善,恶的观念也就产生了。所以有和无互相转化,难和易互相形成,长和短互相显现,高和下互相充实,音与声互相谐和,前和后互相接随——这是永恒的。因此圣人用无为的观点对待世事,用不言的方式施行教化:听任万物自然兴起而不为其创始,有所施为,但不加自己的倾向,功成业就而不自居。正由于不居功,就无所谓失去。

阅读延伸

章旨

本章内容分为两个层次。第一层集中鲜明地体现了老子朴素的辩证法思想。他通过日常的社会现象与自然现象,阐述了世间万物的存在,都具有相互依存、相互联系、相互作用的关系,论说了对立统一的规律,确认了对立统一是永恒的、普遍的法则。

在前一层意思的基础上,展开第二层意思:老子提倡"处无为之事,行不言之教"。顺其自然,不争功名的思想,今天看来还是可取的。

第三章

原文

不上贤①，使民不争；不贵难得之货②，使民不为盗③；不见可欲④，使民不乱。

是以圣人之治也，虚其心⑤，实其腹，弱其志⑥，强其骨，恒使民无知、无欲也。

使夫知不敢⑦、弗为而已⑧，则无不治矣⑨。

注释

①上贤：上，同"尚"，即崇尚，尊崇。贤，有德行、有才能的人。

②贵：重视，珍贵。货：财物。

③盗：窃取财物。

④见（xiàn）：通"现"，出现，显露。此是显示、炫耀的意思。

⑤虚其心：虚，空虚。心，古人以为心主思维，此指思想，头脑。虚其心，使他们心里空虚，无思无欲。

⑥弱其志：使他们减弱志气，削弱他们竞争的意图。

⑦敢：进取。

⑧弗为：同"无为"。

⑨治：治理。此意是治理得天下太平。

译文

不推崇有才德的人，导使老百姓不互相争夺；不珍爱难得的财物，

导使老百姓不去偷窃；不显耀足以引起贪心的事物，导使民心不被迷乱。因此，圣人的治理原则是：排空百姓的心机，填饱百姓的肚腹，减弱百姓的竞争意图，增强百姓的筋骨体魄，经常使老百姓没有智巧，没有欲望。致使那些有才智的人也不敢妄为造事。圣人按照"无为"的原则去做，办事顺应自然，那么，天下就不会不太平了。

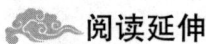阅读延伸

章旨

　　这一章里老子主张"不尚贤""使民无知、无欲"，他设想要人们回到一种无矛盾的"无为"境界。然而，人类社会的物质文明和精神文明，必定会不断地发展提高，所以老子的这种想法是不可能实现的，是消极的。

　　老子看到了古代社会现实动乱不安、矛盾突出，这是由于差别的存在。老子想用减少差别，来减轻或避免社会矛盾，这也有他进步的一面。

第四章

原文

道冲①，而用之有弗盈也②。

渊呵③！似万物之宗④。

锉其兑⑤，解其纷⑥，和其光⑦，同其尘⑧。

湛呵！⑨似或存⑩。

吾不知其谁之子，象帝之先⑪。

注释

①冲：通盅（chōng），器物虚空，比喻空虚。

②有弗盈：有，通又。盈，满，引申为尽。

③渊：深远。呵（a）：语助词，表示停顿。

④宗：祖宗，祖先。

⑤锉（cuò）：消磨，折去。兑（ruì）：通"锐"，锐利、锋利。锉其锐，消磨掉它的锐气。

⑥解其纷：消解掉它的纠纷。

⑦和其光：调和隐蔽它的光芒。

⑧同其尘：把自己混同于尘俗。以上四个"其"字，都是说的道本身的属性。

⑨湛（zhàn）：沉没，引申为隐约的意思。段玉裁在《说文解字注》中说，古书中"浮沉"的"沉"多写作"湛"。"湛"、"沉"古代读音相同。这里用来形容"道"隐没于冥暗之中，不见形迹。

⑩似或存：似乎存在。连同上文"湛呵"，形容"道"若无若存.

⑪象：似。

译文

大"道"空虚无形，但它的作用又是无穷无尽。深远啊！它好像万物的祖宗。消磨它的锋锐，消除它的纷扰，调和它的光辉，混同于尘垢。隐没不见啊，又好像实际存在。我不知道它是谁的后代，似乎是天帝的祖先。

阅读延伸

章旨

这一章是对"道"的描述和赞颂。承接第一章内容"无形"，老子称颂"道"虽然虚不见形，但不是空无所有。从"横"的角度谈，"道"是无限博大，用之不尽；再从"纵"的角度谈，"道"又是无限深远，无以追溯其来历，它好像是自然万物的祖宗，又好像是天帝（上帝）的祖先。从此说来，不是上帝（天帝）造物，而是"道"生上帝（天帝），继生万物。"道"的作用是宇宙间至高无上的主宰。

第五章

 原文

天地不仁，以万物为刍狗①；圣人不仁，以百姓为刍狗。
天地之间，其犹橐籥乎②？虚而不淈③。
动而俞出④。多闻数穷⑤，不若守于中⑥。

注释

①刍（chú）狗：用草扎成的狗。古代专用于祭祀之中，祭祀完毕，就把它扔掉或烧掉。比喻轻贱无用的东西。在本文中比喻天地对万物，圣人对百姓都因不经意、不留心而任其自长自消、自生自灭。正如元代吴澄所说："刍狗，缚草为狗之形，祷雨所用也。既祷则弃之，无复有顾惜之意。天地无心于爱物，而任其自生自成；圣人无心于爱民，而任其自作自息，故以刍狗为喻。"

②犹橐籥（tuó yuè）：犹，比喻词，"如同"、"好像"的意思。橐籥，古代冶炼时为炉火鼓风用的助燃器具——袋囊和送风管，是古代的风箱。

③淈（gǔ）：竭尽，穷尽。

④俞：通愈，更加的意思。

⑤多闻数穷：闻，见闻，知识。老子认为，见多识广，有了智慧，反而政令烦苛，破坏了天道。数，通"速"，是加快的意思。穷，困穷，穷尽到头，无路可行。

⑥中：通"冲"，指内心的虚静。守中：守住虚静。

译文

　　天地不存在仁爱之心，它将万物看作草扎的狗；圣人也不存在仁爱之心，他将百姓看作草扎的狗。天地之间，不正像风箱一样吗？其中空虚而不穷尽，愈鼓动风就愈多生出。增广见识会加速困穷，不如保持内心的清静。

阅读延伸

章旨

　　本章是承上章对"道冲"作进一步论述。此处由"天道"推论"人道"，由"自然"推论"社会"，核心思想是阐述清静无为的好处。

　　本章用具体比喻说明如何认识自然和正确对待自然，论述天地本属自然，社会要顺乎自然，保持虚静，比喻鲜明生动。

第 六 章

原文

谷神不死①,是谓玄牝②。
玄牝之门③,是谓天地之根。
绵绵呵④!其若存!⑤用之不堇⑥。

注释

①谷神:过去据高亨说,谷神者,道之别名也。谷读为毂,《尔雅·释言》:"毂,生也。"《广雅·释诂》:"毂,养也。"谷神者,生养之神。另据严复在《老子道德经评点》中的说法,"谷神"不是偏正结构,是联合结构。谷,形容"道"虚空博大,像山谷;神,形容"道"变化无穷,很神奇。

②玄牝(pìn):玄,原义是深黑色,是在《老子》书中经常出现的重要概念。有深远、神秘、微妙难测的意思。牝,本义是雌性的兽类动物,这里借喻具有无限造物能力的"道"。玄牝指玄妙的母性。这里指孕育和生养出天地万物的母体。

③门:指产门。这里用雌性生殖器的产门的具体义来比喻造化天地生育万物的根源。

④绵绵:连绵不绝的样子。

⑤若:如此,这样。若存:据宋代苏辙解释,是实际存在却无法看到的意思。

⑥堇(jǐn):通"勤"。作"尽"讲。

译文

生养天地万物的道（谷神）是永恒长存的，这叫做玄妙的母性。玄妙母体的生育之产门，就是天地的根本。连绵不绝啊！它就是这样不断地永存，作用是无穷无尽的。

阅读延伸

章旨

本章上承第四章内容，继续描述和颂扬"道"的意义和功能。用"谷神"形容"道"，它能生天地养万物，从时间而言，它历久不衰，天长地久；从空间而言，它无处不在，无穷无尽。论述"道"是宇宙万物的根本。

第 七 章

原文

天长，地久①。

天地之所以能长且久者，以其不自生也②，故能长生。

是以圣人退其身而身先③，外其身而身存④，不以其无私邪？⑤故能成其私。

注释

①长、久：均指时间长久。

②以其不自生也：因为它不为自己生存。以，因为。

③身：自身，自己。以下三个"身"字同。先：居先，占据了前位。此是高居人上的意思。

④外其身：外，是方位名词作动词用，使动用法，这里是置之度外的意思。

⑤邪（yé）：同"耶"，助词，表示疑问的语气。

译文

天长地久。天地所以能长久存在，是因为它们不为了自己的生存而自然地运行着，所以能够长久生存。因此，有道的圣人遇事谦退无争，反而能在众人之中领先；将自己置于度外，反而能保全自身生存。这不正是因为他无私吗？所以能成就他的自身。

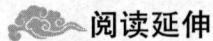
阅读延伸

章旨

  本章也是由天道推论人道，反映了老子以退为进的思想主张。老子认为，天地由于"无私"而永存长在，人间"圣人"由于退身忘私而成就其理想。如大禹为人民治水，八年在外三过家门而不入，人民拥戴他为天子。

  老子用朴素辩证法的观点，说明利他（"退其身""外其身"）和利己（"身先""身存"）是统一的，利他往往能转化为利己，老子想以此说服人们都来利他，这种谦退无私精神，有积极的意义。

第八章

原文

上善如水①。

水善②,利万物而有静,居众人之所恶③,故几于道矣④。

居善地⑤,心善渊⑥,予善天⑦,言善信,正善治⑧,事善能,动善时。夫唯不争,故无尤⑨。

注释

①上善:指上善之人。上,上等,崇高。善,指善良有美德的人。善作名词。

②水善:善,善于、长于的意思,善在此作副词。

③所恶(wù):所厌恶的地方。

④几(jī):接近、差不多。

⑤地:用作动词性谓语,这里的具体意义是选择低下的地方。

⑥渊:深。这里形容内心深沉虚静的状态。

⑦予:推予、给与。

⑧正:通"政"。

⑨尤:怨恨、归咎。

译文

崇高的善人(圣人)就好像水。水具有种种美德,它滋润万物有利于它们生成,而又不和万物相争保持平静,处在人人都厌恶的低下地方,所以水性接近于"道"理。善人居处如水一样顺乎自然、善于选

择地方，心胸如水一样静默深远、善于保持沉静，待人如水一样润泽万物、善于效法上天，说话如水一样堵止开流、善于遵守信用，从政如水一样净化污秽、善于理政治国，处事如水一样随物成形、善于发挥才能，行动如水一样涸溢随时、善于随顺天时。因为他具备七善而成为上善，与万物无争，所以没有怨咎。

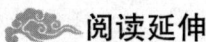
阅读延伸。

章旨

本章承上一章歌颂"圣人"谦退不争的品格。具体用水性来比喻上德有道者，即"圣人"的人格。水具有柔和的特点，甘愿处在卑下的地方，能滋润万物而不与相争，始终如一地永远付出……老子认为最完善的人格就应具有水的特性，通过对水的描绘来达到对"道"的歌颂。

第九章

原文

持而盈之①，不若其已②。揣而锐之③，不可长葆也④。
金玉盈室，莫之能守也。贵富而骄，自遗咎也⑤。
功遂身退⑥，天之道也。⑦

注释

①持而盈之：有两种说法：一解"持"，执持、握持。指抱持盈满之势，这里隐指自满自足、自我膨胀。另一解说"持"，通殖，取积累的意思，这样，全句就可解为积累以使之满盈。后一种解释比较符合老子本意。

②已：停止。这里与上句"持"相对，是不持，因此有退止、缩减的意思。

③揣而锐之：揣，通"段（锻）"，锻造、冶炼。此句意思是：锻造金属器具，使之锐利。这里比喻锋芒外露。

④葆（bǎo）：通"保"，守住。

⑤遗（wèi）：送给，留给。咎（jiù）：灾祸。

⑥遂（suì）：成就。"功遂身退"可参见第二章里的"成功而弗居也"。

⑦天：指"道"。成玄英认为说的是自然。

译文

积累达到满盈，不如趁早停止。锤锻得尖锐锋利，不能长久保全。

金玉堆满堂室,没有谁能守藏得住的;富贵了而又骄奢,就给自己种下了灾祸。功业完成了,就急流勇退,这才是顺应自然的道理。

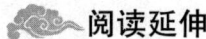

章旨

上章从正面讲"不争"、"故无尤",是"几于道"。本章是从反面说"争则遗咎",故宜循"天之道"。因此,道与不道,福兮祸兮如何?为人处事,可知取舍了。

老子认为物极必反,盈了以后就要亏,锐了以后就要钝。正反的转化,这是事物的辩证法。老子把它应用到社会生活方面来,他提出两种应付的策略:①防止矛盾激化,告诫"富贵不能骄奢",要善让。②人为转化,告诉人们"功成身退",要知退。这在古时是可取的,今天看来有局限性。不知矛盾激化的本质及矛盾转化的条件,但还有可取的地方:警惕不要走向反面,不要自我膨胀,要适时而止、见好就收。

第十章

原文

戴营魄抱一①，能毋离乎②？抟气至柔③，能婴儿乎？
脩除玄监④，能毋有疵乎⑤？爱民活国⑥，能毋以知乎⑦？
天门启阖⑧，能为雌乎⑨？明白四达⑩，能毋以知乎⑪？
生之、畜之⑫，生而弗有，长而弗宰也，是谓玄德⑬。

注释

①戴营魄抱一：戴，负戴、负荷。营，营气，精气，精魂，灵魂。魄，形魄，体魄，形体。抱一，指合一、守一。谓意守一窍。营魄抱一，讲精神专注在一窍，以一念代万念。

②毋（wú）：无、不。

③抟（tuǎn）：即圆，运转，周环。

④脩：即修，通"涤"，洗濯，扫除。洗刷掉污垢灰尘。监：古字，即"鉴"。在磨制的铜镜出现以前，古人用盆盛水来观照面容，这叫"监"，也叫"水监"（后来写作"鉴"）。玄监：明镜。这里用作借喻，把幽深明澈的心灵比喻为玄妙明净的鉴。译文意译作"镜"。

⑤疵（cī）：小毛病。

⑥活：救活。

⑦知：通"智"，智慧。

⑧天门：指天赋人体的耳、鼻、口、目等感官。启：开。阖（hé）：关、闭。天门启阖指人的呼吸，喻人之生存。

⑨雌：指安静柔顺。

⑩达：通晓事理。
⑪知：知识。
⑫畜（xù）：蓄养。
⑬德：指"道"的运用所形成的特殊属性或特殊规律。

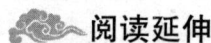

人身具有的精气专守于形体的一窍，能够不分离吗？呼吸吐纳、运气周身达到心平气和，能够达到像婴儿一样的状态吗？清除内心的杂念，澄洁心镜，能够做到一尘不染吗？爱护民众、治理国家，能够不用聪明才智吗？人生存在万物运动变化之中，能够做到宁静柔弱吗？明白事理，通达四方，能够不依赖知识吗？生长万物，养育万物，产生万物而不占有，滋养万物而不主宰，这叫做内涵的崇高品德。

阅读延伸

章旨

本章内容分前后两部分。前一部分采用只问不答、寓答于问的反问排比形式，具体而有力地从六个方面阐述个人修身养性的工夫以及参与社会政治活动的指导思想，其基本原则就是形神合一、尚柔、净心、无为、守雌和弃智。老子所提出的修身养性工夫，和瑜珈方术不同。瑜珈的目的在超脱自我和外在的环境。老子重在修身养性之后推其绪余而爱民治国，有进步意义。

后一部分，马叙伦在《老子校诂》里说，自"生之"以下，与上文义不相应。此文为五十一章错简。我们认为此几句是又从正面阐述善于利他而不利己这就算玄德，也就是至德，遥相呼应开头提出的六个问题，这六个问题能做到就算是有很高的道德。总的精神为首尾一脉相承。

第十一章

原文

卅辐同一毂①，当其无有②，车之用也。埏而为器③，当其无有，埏器之用也。

凿户牖④，当其无有，室之用也。故有之以有利，无之以为用。

注释

①卅（sà）：三十。辐（fú）：车轮中连接轴心和轮圈的若干直木条，古代车轮的辐条，如同现代自行车的轮条。同：共，通"拱"，环绕。毂（gǔ）：车轮中心有圆孔的圆木，内贯车轴，外承车辐。

②当：一说"处在"。另一说"配合"。无有：没有。

③然（rán）：即燃，烧。这里具体指制陶器时在窑内燃火烧烤土坯。埏（zhí）：粘土。器：指器皿。

④凿户牖（yǒu）：凿，打孔、作洞。户，门。牖，窗。这里以"户牖"代替屋室的结构部件。

译文

三十根辐条环绕着一个轮毂，在那空虚处，使车子得以运转，成就了车的功用。烘烧粘土制作器皿，在那空虚处，使其可以容纳东西，成就了器皿的功用。开凿门窗建造房屋，在那门窗墙壁内空虚处，成就了房屋住人的功用。因此，实体"有"之所以给人带来物质功利，是因为空虚处"无"起着重要的配合作用。

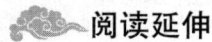 阅读延伸

章旨

  此章利用分言，有、无对举。老子连举三例，用车毂、陶器和居室，说明世间万物无不存在具体的"有"和"无"的对立统一，实有之物会给人们带来各种便利，但是它有赖于自身空虚（无）部分的补充、配合作用。

  本章阐明"有"与"无"，"利"与"用"的依存关系和相互作用。实体的作用人人皆知，不须多说，而空虚的作用容易被人忽视，因此老子在本章里强调空虚（无）的作用。结句点出"无"与"有"之配合作用，有画龙点睛之妙。

第十二章

原文

五色使人目盲①，驰骋田猎使人心发狂②，难得之货使人之行方③，五味使人之口爽④，五音使人之耳聋⑤。是以圣人之治也⑥，为腹而不为目。故去彼而取此。

注释

①五色：黄、青、赤、白、黑五种颜色。目盲：眼瞎，这里比喻眼花缭乱。

②驰骋（chí chěng）：纵马疾驰。田猎：打猎。心发狂：心放荡而不可遏制。

③行：行为。方：违，逆。这里指行为不轨，指偷盗行为，发生劫夺。

④五味：甜、酸、苦、辣、咸五种味道。爽：伤败，差失。口爽：口味败坏。

⑤五音：宫、商、角、徵（zhǐ）、羽。五音构成中国古代乐声音阶中的五个音级。

⑥是以：因此。

译文

五彩缤纷令人眼花缭乱，纵马狩猎令人心思狂荡，宝贵难得的财物令人行为不轨，五味杂乱令人口味败坏，五音纷杂令人听觉失灵。因此，圣人的治理主张是：只求填饱肚皮，而不贪求声色悦目。所以他舍

弃那声色物欲,而选取这平静温饱。

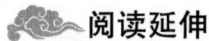

章旨

本章内容中心是主张"为腹而不为目"。这与前面第三章内容的思想倾向是一致的。老子指出物欲享乐生活的弊害,希望解决基本的温饱平静生活。

老子看到了问题的一方面,要是纵情于声色之娱,沉溺于五色、五音、五味、驰骋田猎等,必然会带来恶果。夏桀、商纣可谓前车之鉴。从这个方面说老子的主张有对的地方。不过,老子的主张有些偏激而片面:据传说,春秋时期,齐国的军队在深山中行军,路途险阻,行路艰难,管仲命令士兵唱着前进,士兵在歌声的鼓舞下,忘记了跋山涉水的艰苦,很快地穿过了深山,可见"五音"还有积极作用。

五色、五音、五味全盘否定是不对的,适当控制是应该的。不能回避社会文明带来的矛盾,要紧的是要善于掌握利用,使它们很好地为人类生活服务。

第十三章

原文

宠辱若惊①,贵大患若身②。何谓宠辱若惊?

宠之为下也③,得之若惊,失之若惊,是谓宠辱若惊。何谓贵大患若身?

吾所以有大患者,为吾有身也,及吾无身④,有何患?故贵为身于为天下⑤,若可以托天下矣⑥;

爱以身为天下⑦,女何以寄天下⑧?

注释

①宠辱若惊:宠,宠爱,宠幸。辱,侮辱。宠辱若惊,受到宠爱和侮辱就像受到惊恐一样。

②贵:贵重,珍视,重视。身:身体。

③宠之为下:宠爱居于下位。下,卑下。

④及:等到,到那时。

⑤贵:这里是崇尚的意思。

⑥若:乃、才。托:托付。

⑦爱:吝惜,舍不得。

⑧女:通"汝",你。寄:寄托。

译文

尊宠卑辱以至于为它担惊害怕,重视大忧患就像重视自身一样。什么叫宠辱若惊?因为所尊宠的居于下位,得到它会惊喜不安,失掉它会

惊恐不安,这就叫宠辱若惊。什么叫贵大患若身?我之所以有大忧患,是因为我有这个身躯,等到我没有身体时,还有什么忧患呢?所以,崇尚献身于治理天下的人,才可以将天下托付给他;不愿舍身治理天下的人,你怎么可以将天下寄托给他呢?

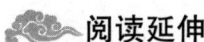
阅读延伸

章旨

上一章说到"圣人"为"腹"不为"目",只求建立恬静安足的生活,而不求声色货利的纵欲生活。这一章说到"为腹不为目"的"圣人"能够"不以宠辱荣患损易其身"(王弼语),才可以担负天下的重任。

本章反映了老子主张忍辱负重、无我利人的思想。"无我",并不是超脱自我与抛弃自我,而是不为个人利益患得患失,要以自身为天下,这是上德的人,因为他们不为荣辱所移,不为患难所慑,敢于损一身而全天下,无私无畏,是最可靠的人。老子歌颂了这种人。最终,还是这种人得到了天下。

第十四章

原文

视之而弗见，名之曰微①。

听之而弗闻，名之曰希②。

捪之而弗得③，名之曰夷④。

三者不可至计⑤，故混而为一⑥。

一者，其上不谬⑦，其下不忽⑧。

寻寻呵⑨！不可名也，复归于无物⑩。

是谓无状之状，无物之象。是谓沕望⑪。

随而不见其后，迎而不见其首。

执今之道，以御今之有⑫，以知古始，是谓道纪⑬。

注释

①微：没有形状。

②希：寂然无声。

③捪（mín）：抚摸的意思。

④夷：河上公注："无色曰夷，无声曰希，无形曰微。"

⑤计：算清、数清，这里指分别清楚。

⑥故混：故，通"固"，本来、原本。混，浑沌，此指浑然一体，指原始的统一体，即混沌的元气。

⑦谬：荒诞无稽。

⑧忽：即忽，不明。

⑨寻寻（xún）：连续不断而来。

⑩复归：还原。无物：陈鼓应说不是一无所有，它是指不具任何形象的实存体。

⑪沕（mì）：潜藏的样子。望：即惘，远望而惘然不可见。沕望，王本作"惚恍"。

⑫御：驾驭。"有"指现实存在的有形的具体事物。

⑬道纪：道的纲要，引申为道的规律。

译文

视而不见，称它无形。听而不闻，称它无声。摸它不着，称作无迹。这三者不能分别清楚，原本混然一体。"一"这个东西，其先并非虚诞不实，其后也不是灭绝不明，连绵不断啊！不可具体形容和描述，它返本归根又空不见物的状态，这叫做没有具体形状的形状，没有具体物象的形象，这就叫做恍惚——潜藏而不可见。跟着它，看不见它的后尾，迎着它，又看不见它的前头。把握住现今的"道"，用它来驾驭现存的具体事物，能了解远古万物的起源，这就叫做"道"的纲要，或者叫做"道"的规律。

阅读延伸

章旨

这一章老子在着力描绘神妙莫测的"道"。讲述"道"有三层意思：其一是道没有具体形状、声音、颜色，常人不能凭感官知觉认识它。其二是道虽无形之状、无物之象，但可"迎之"、"随之"，因而它是与时俱在的。其三讲道的巨大功用，只要掌握了"道"，就可治今知古，这是事物运动变化的规律。

第十五章

原文

古之善为道者①,微眇玄达②,深不可志③。

夫唯不可志,故强为之容④,曰:与呵⑤!其若冬涉水。猷呵⑥!其若畏四邻。严呵!其若客。涣呵⑦!其若冰泽。沌呵⑧!其若朴。湷呵⑨!其若浊。旷呵⑩!其若谷。浊而静之,徐清。

安以动之,徐生。葆此道者不欲盈⑪,夫唯不欲盈,是以能敝而不成⑫。

注释

①为道:行道。

②玄达:深奥通达。

③志:记述。

④容:形容。

⑤与:通"豫",犹豫。此指动作缓慢、谨慎。

⑥猷(yóu):谋划。

⑦涣:涣散。

⑧沌(dùn):混沌,未经开化。朴:未经加工的素材。

⑨湷(chǔn):水深的声音。

⑩旷:空旷。

⑪葆:通"保"。

⑫敝:陈旧,破败。

译文

古代善于实行"道"的人,幽微精妙、深远通达,深奥得无法记述。因为不可记述,所以只能勉强对他作些形容:他小心谨慎啊!就像严冬冒着寒冷趟水过河。疑虑谋划啊!就像害怕四方邻国来围攻。庄重严肃啊!就像作宾客。涣散不羁啊!就像冰凌消融。混沌无知啊!就像未经雕琢的素材。积厚深沉啊!就像江河的浑水。空旷开阔啊!就像空虚的山谷。混浊的水静下来,慢慢就会澄清。安静的东西动起来,慢慢就会产生变化。保持这个"道"的人,不贪求满足,正因为不贪求满盈,所以能安于陈旧有所亏缺而不尽完满,他就能永远不会穷尽。

阅读延伸

章旨

本章专门对于理想中的悟"道"者进行描绘和歌颂。前面老子讲过"道"是精妙玄深、恍惚不可捉摸的。那么悟道、得道之士,也"微妙玄通,深不可识",因此难以写状。

本章老子只能勉强通过各种比喻来描述悟道得道之士的举止风貌、人格形态、超常能力和行为准则。总之,有"道"的人,他们的精神境界远远超出一般人。

其中老子讲"浊而静之,徐清。安以动之,徐生"。这是说体道之士的静定工夫和精神活动的状况。用辩证法看"浊"和"清","安"(静)和"生"(动)的对立转化关系,体道之士在动(浊)态中,透过"静"的工夫,定心自养,转入清明的境界。这说明动极而静的生命活动过程。在长久静定(安)之中,体道之士又能生动起来,趋于创造的活动(生),这是说明静极而动的生命活动过程。这里充满朴素的辩证法的对立统一。

第十六章

原文

致虚,极也①。

守静,督也②。

万物旁作③,吾以观其复也④。

天物云云⑤,各复归于其根⑥,曰静。

静,是谓复命。复命,常也。知常,明也。不知常。盳⑦。盳作,凶。

知常,容⑧。容乃公,公乃王⑨,王乃天,天乃道,道乃久,没身不殆⑩。

注释

①致虚,极也:达到虚静的极端。致,同"至"意,达到。

②督:通行本作"笃"(dǔ),切实。

③旁:普遍。作:兴起。此指由虚静而开始发生发展。

④以:通"已"。复:返。

⑤天:天然,自然。云云:纷纭众多的样子。

⑥根:根源、本原。

⑦盳(máng):同茫,茫然无知,暗昧。

⑧容:包容,无所不包、无所不容。

⑨王(wàng):王道。

⑩没身:没同殁(mò),死亡。殁身,终生。殆:危险。

译文

达到虚无的境界。切实保守清静。万物都在生长，我已经观察到它们返还的过程。自然万物纷繁众多，最终都要各自返回它们的本原，这称做"静"。这叫做回到生命的起点。回到生命的起点是永恒不变的规律。知道这一规律，就是明智。不知道这一规律，就是暗昧。茫然无知去胡干，会遭凶祸。懂得这一规律就能包容一切。能包容一切就公道无私，公道无私就合王道，合王道就合乎天理自然，合天理自然就合乎"道"，合乎"道"就能久长，终生不会发生危险。

阅读延伸

章旨

本章老子在前一部分提出"致虚"、"守静"、"归根"、"复命"四个概念。其实这是一个问题的两个方面，"致虚"与"守静"合言，"虚"与"静"交相为用。虚极静笃，然后能观。在老子的思想体系中，"虚"指"道"的本体，"静"指"道"的本根，他认为由静生动，由动归静；动是相对的，静是绝对的，纷繁万物各自返回本根叫做"静"，将这"归根"的"静"叫做"复命"。"归根"、"复命"的虚静是万物动静变化的长久不变的规律，称这规律为"常"。

本章后一部分从正反两方面阐明"知常"的重要功用。符合"道"的顺应自然规律就久长，不符合"常"的就遭祸殃。老子把对"虚静"的认识运用到社会政治生活中来的思想，为后来庄子所继承，提出"内圣外王"之道。

第十七章

原文

大上①，下知有之②，其次亲誉之③，其次畏之④，
其下侮之⑤。
信不足⑥。案有不信⑦。
猷呵⑧！其贵言也。成功遂事⑨，而百姓谓我自然。

注释

①大上：即"太上"，至上，指最好的君主。
②下知有之：下民百姓只知道有君主存在。下，下面老百姓。
③其次：指次一等的君主。亲誉之：指下面百姓亲近并歌颂这种君主。
④畏之：指下面百姓畏惧这种君主。
⑤侮之：指下面百姓轻慢、蔑视这种君主。
⑥信不足：指君主信用不足、不讲信用。
⑦案：乃、于是。
⑧猷：谋划，此指深思熟虑。
⑨遂：完成、成功。

译文

最好的君主，下面百姓只知道有他存在；其次的君主，下面百姓亲近他，赞誉他；再次一等的君主，下面百姓害怕他，最次一等的君主，下面百姓侮辱他。君主诚信不足，于是下面百姓就不会信任他。最好的

君主总是深思熟虑啊!他贵重自己的言语,不肯轻易发号施令。功业建立了,事情成功了,百姓不知出于君主所赐,却说我们顺乎自然。

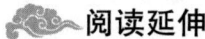

章旨

本章开头部分好像老子做了民意测验报告,根据老百姓的感受和反应不同,把君主分类型顺次排列为四种。第一种是老子理想的君主,称为"太上",因为是最符合于"道"的圣君明主,没有其他三种君主的缺点,不轻易发号施令,一切顺应自然,让百姓过安闲自在的生活。

此章后部分也是讲述第一种圣人君主。承接第二章称颂他们"处无为之事,行不言之教",能做到言必有信、"成功弗居"、"成功遂事,而百姓谓我自然"。

所以,本章表现出老子对自由安适生活的向往和对现实政治的贬斥。老子讲的四种君主有"其次"、"其下"是存在的,唯独他所崇尚的"太上"之君在古代社会实际上是从来没有过的。这是老子所幻想的乌托邦政治社会。

第十八章

原文

故大道废①，案有仁义②。
知慧出③，案有大伪。
六亲不和④，案有孝慈
邦家昏乱⑤。案有贞臣⑥。

注释

①大道：老子提倡"道"。这里指的是老子理想社会的最高原则。
②案：于是。
③知慧：同"智慧"。老子以为智慧出是对无知无欲的原初社会的破坏。
④六亲：六种亲属，说法不一。主要两种说法，或指父、子、兄、弟、夫、妇，或指父、母、兄、弟、妻、子。
⑤邦：国。
⑥贞臣：忠臣。

译文

所以，大"道"被废弃了，于是才会提倡仁义。智慧出现了，于是才会产生严重的诈伪。父子、兄弟、夫妇之间不和睦，于是才会提倡孝慈。国家政治昏乱动荡，于是才会产生忠臣。

阅读延伸

章旨

　　老子是洞明历史的哲学家。在本章中用辩证法的思维指出"故大道废，案有仁义"。如果大道没废的话，那就不必宣扬仁义忠孝思想了。老子在此并不是谈仁义忠孝这个问题本身如何，而是就"道"的思想体系来论述的。

　　老子提倡"大道"，这是老子主张的理想社会的最高原则。他所要求的是纯朴自然、无争无邪、老幼各得其所、顺应自然的生活、没有任何政教律令的原初社会。

　　老子在本章描写了"大道"废后的病态社会之种种现象，指出"六亲不和，案有孝慈"等，也渗透着辩证法。就总体讲是老子道家讥评儒家在病态社会里宣扬那一套"仁义忠孝"思想的。

　　本章承前章崇尚"太上"圣君，与下章"绝圣弃智"等思想，是一脉相通的。老子指出了当时社会的病态是对的，而要返回自然无为的原初社会，这就违背了社会发展的规律。

第十九章

原文

绝圣弃知①，而民利百倍。
绝仁弃义②，而民复孝慈。
绝巧弃利③，盗贼无有。
此三言也，以为文未足④，故令之有所属⑤：见素抱朴⑥，少私寡欲，绝学无忧。

注释

①圣：聪明、通达。知：同"智"。
②仁：仁爱。义：正义。
③绝：断绝、弃绝、灭绝。巧：指精巧技艺。
④文：原则。
⑤属：隶属，归属。
⑥见：是"现"的古字。呈现、表现、外现。素：没有染色的生丝，此指本色生丝。比喻原初状态，未加文饰。抱：持守，此指守护内心。朴：没加工的原木料，这里比喻纯真质朴。

译文

抛弃掉聪明和智巧，百姓反而能获益百倍。抛弃掉仁和义，百姓反而能恢复敬老爱幼的天性。抛弃掉技艺和稀奇财物，盗贼自然就会绝迹。这三句话作为理论原则还不够，所以还要让人们实际上有所遵循：外表呈现纯真，内心保持质朴，减少私心欲望，抛弃仁礼学问，自然无

忧无虑。

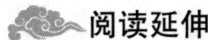

章旨

本章与前章内容接连贯通、一脉相承。前章是描述社会的病象,本章是提出对于社会病象的治方。老子认为圣智、仁义、巧利这三样不好的东西,是祸乱的根源。

老子主张治病挖根,在第三章提出"不尚贤",本章进一步提出"绝圣弃知"、"绝仁弃义"。在第三章提出"不贵难得之货",本章进一步倡导"绝巧弃利"。要彻底弃绝"圣智"、"仁义"、"巧利",使民众返真归朴,保持淳厚朴实的天性。

有人认为,孔子重"文",老子重"质",这是两种对立的思想体系。老子视"文"为巧饰,违反了人性的自然。巧饰流行,更形成种种有形无形的制约,拘束着人性的自然。老子在本章中所流露的愤世之言,乃是针对虚饰的文明所造成的严重灾害而发的。知人论世,这应当说是对的。不过老子主张从根本上治理必须返回原始状态,实不可取。

第二十章

原文

唯与诃①,其相去几何?

美与恶,其相去何若?

人之所畏,亦不可以不畏人。望呵②!其未央才③!

众人熙熙④,若乡于大牢⑤,而春登台。我泊焉未兆⑥,若婴儿未咳⑦。

累呵⑧!如无所归。众人皆有余,我独遗⑨。我愚人之心也。

惷惷呵⑩!鬻人昭昭⑪,我独若昏呵!鬻人察察⑫,我独闵闵呵⑬!忽呵⑭!其若海。

望呵,其若无所止。众人皆有以⑮,我独顽以鄙⑯。吾欲独异于人,而贵食母⑰。

注释

①唯:应诺声、顺从的答应,引申为"是"的意思。诃(hē):叱责声,大声斥责,引申为"非"的意思。

②望:远望而惘然不可见。

③未央:无极,没有极尽,没有完。才:同哉。

④熙:和乐、快乐。

⑤乡:通"飨"(xiǎng),享受。大(tài):同"太"。大牢:古代帝王诸侯祭祀社稷典礼时,所用牛羊猪三牲齐备叫太牢。

⑥我:不是老子自称,而是指大我,即指得道之士。泊:淡泊、恬

静无为。兆：征兆、迹象。

⑦咳（hái）：《说文解字》解释为"小儿笑"。

⑧累：疲劳懈怠的样子。

⑨遗：遗失、丢失。

⑩惷（chǔn）：即蠢，愚笨。

⑪鬻（zhōu）：粥糊，此指糊涂。鬻人：糊涂人，此指世人。昭昭：明白清醒、明辨事理。

⑫察察：分析明辨。

⑬闵（mǐn）：通行本作"闷"，昏昧、糊涂。

⑭惚：即忽，不分明。"惚"在通行本中作"澹"，沉静。

⑮有以：有什么可用，即有所作为。

⑯顽以鄙：愚顽无知，而且鄙陋。

⑰食母：像婴儿那样仰食于母亲。母比喻哺育万物的大"道"。

译文

应诺与呵斥，这相差才多少？美好与丑恶，这距离又多大？人所害怕的东西，也不可以不害怕人。这其中的道理，远望而惘然不可见啊！永远存在而没有尽头！众人是那样地高兴欢乐，如同享受盛大宴会的美餐，又像春天登上楼台远眺美景。唯独我却淡泊恬静，对周围环境没有反应，如同婴儿还不会笑。疲劳懒散啊！就像无家可归。众人都富足有余，我却独自有所遗失。我有的只是蠢人的心肠，愚笨无知啊！世俗的人是那么乖巧，唯独我这么昏昧！世俗的人是那么精明，唯独我这么糊涂！沉静啊像深广的大海，飘忽啊就像永远没有止境。众人都好像很有作为，唯独我无能而又鄙陋。我期望的唯独与众不同，只推崇哺育万物的母亲——"道"最贵重。

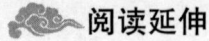 阅读延伸

章旨

  本章讲了三层意思，中心是老子提倡"重道"、"守道"。开头一部分讲由于人们价值观的不同，对于是非美丑、贵贱善恶等相对相反的关系，却判断"相去几何"，混淆甚至颠倒是非标准。这样一来，体道之士与世俗之人表面看就没有明显区别了。由此中间一部分讲得"道"之"我"与俗众之人本质上完全不同。采用"正话反说"的手法，达到"形似自嘲实则自赞"的效果。最后一句："吾欲独异于人，而贵食母。"点明有道之士与世俗之人本质不同的原因，根本在于有道之士，始终遵守道、重视道，故能有与众不同的风格。

第二十一章

原文

孔德之容①，唯道是从②。

道之物，唯望唯忽③。

物呵！望呵！中有象呵！望呵！忽啊！中有物呵！幽呵④！冥呵⑤！中有请呵⑥！其请甚真，其中有信⑦。

自今及古，其名不去⑧，以顺众父。吾何以知众父之然⑨？以此。

注释

①孔：大。容：面貌，引申为表现、举止行为。孔德之容，就是大德的表现。

②唯道是从："道"是"从"的宾语，借"是"提前宾语，原为"唯从道"，译为"只是随从道"。

③望：恍。忽：惚，恍惚，不清楚。

④幽（yōu）：隐微、隐晦。

⑤冥（míng）：冥暗不明。

⑥请（qǐng）：通"情"，指事物的本质。

⑦信：信息、信验。

⑧名：名字，引申指形态。去：失去。

⑨众父：指万物的开始萌生。父，引申为"开始"。

译文

有大德表现的人，只从属于道。道这个东西，恍惚不明似虚若有。

恍惚不明啊！那里面有形象可见啊！不明恍惚啊！那里面有实物。隐微幽暗啊！那里面含有万物的本质。那本质甚至很真实，其中包含可以得到证验的内容。从现今上溯到远古，它的名字始终如一，形态没有变化，而是遵循着万物萌生时的样子。我凭什么知道万物发端的状态呢？就是依靠着这个"道"。

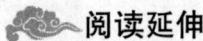阅读延伸

章旨

本章开头概括地阐明了"德"与"道"的关系。老子认为道是核心，德是派生的，德是随着道决定的。"道"在恍惚幽冥中产生天地万物。"道"所显现于物的功能称为"德"。

老子接着集中讲述"道"的特点，上承第十四章内容。十四章描述"道"的不可感知性，即侧重道的精神性。本章具体描述"道"，侧重道的物质性。"道"虽然是恍惚幽微，但是"其中有象"，"其中有物"，"其中有情"，宇宙万物都是从它那里萌生。进一步说明道并不虚无的一面，有其物质性，它真实存在着。这一章与十四章对"道"的描述是遥相呼应的，内容是互相补充的。老子认为"道"是第一性的，万物是第二性的。而他在本章又认为"道"不是孤立地离开物质的，而是与物俱存的，不可分离的，它又是可感知的。

第二十二章

原文

炊者不立①,自视者不章②。

自见者不明③,自伐者无功④,自矜者不长⑤。

其在道也,曰:余食赘行⑥。

物或恶之⑦,故有欲者弗居。

注释

①炊:通"吹",此指自吹、抬高自己。立:成就。

②视:通行本作"是"。章:通"彰",表彰,显扬。

③见(xiàn):是"现"的古字,自现,自我显示。

④伐:夸耀。

⑤自矜(jīn):自以为贤能。长(zhǎng):领导人的意思。

⑥余食赘行:余,多余。赘(zhuì),指赘瘤。行,通"形"。

⑦物:以物代人,指大众。或:或许,也许。

译文

自我吹嘘的人,不会有所成就;自以为是的人,反而不能表扬;自我显露的人,反而不能自明;自我夸耀的人,反而不能见功;自以为贤能的人,反而不能当首长。从"道"的角度来看,这些自我炫耀的行为,只能说像剩饭和赘瘤一样,大众也厌恶它,所以有所追求积极上进的人,决不会这样做。

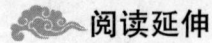 阅读延伸

章旨

通行本将本章作《若思章》放在第二十四章（即本书的第二十三章）。而帛书甲、乙本把本章都放到此处，这也许是原书的顺序，作第二十二章位置比较合理。

这一章阐述了辩证的观点，是老子思想的精华部分。本章与下一章有不可分割的联系，正反对照，互相补充，共同阐述对客观物体、对社会人事的辩证观点。老子认为事物不能过分，过分了都要向相反的方向转化，因此强调不能"自视、自见、自伐、自矜"，要做到"不争"和退让，主导思想是以退为进，以"无为"达到"而无不为"。

第二十三章

原文

曲则全①，枉则正②，洼则盈③，敝则新④，少则得，多则惑。
是以圣人执一以为天下式⑤。
不自视故章，不自见故明，不自伐故有功，弗矜故能长。
夫唯不争，故莫能与之争。
古之所谓曲全者，几语才⑥！诚全归之⑦。

注释

①曲：委曲。全：齐全。

②枉：弯曲。正：正直。

③洼：凹陷。

④敝：破旧。

⑤执：持、抱、守。一：指"道"。式：法式、典范。本句意思：因此圣人遵守着"道"行事成为天下的典范。

⑥几：接近。才：同"哉"。

⑦诚：确实。

译文

委曲反而能保全，弯屈反而能正直，低洼反而能积满，陈旧反而能出新，少取反而能有得，贪多反而会迷惑。因此，圣人遵守着"道"原则行事，已为天下的典范。不自以为是，所以才声名显扬；不自我显露，所以才能自明；不自我夸耀，所以才能见功；不自以为贤能，所以才能领导。正因为与人无争，所以没有一个人能和他相争。古人所说的"委曲反能保全"，是与此意义相近的话啊！确实能把保全的效验归于"无为"而为的"道"。

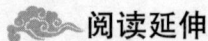阅读延伸

章旨

本章内容是老子哲学思想最为精华的部分，是紧承上章而来的，一正一反，珠联璧合，充满了辩证法思想。老子不仅看到了世间普遍存在着的对立统一，而且也了解到矛盾对立的双方还会互相转化。他将辩证观点用之于修身养性，推之于社会人生。他在本章主张人们应该首先立足于"曲"、"枉"、"洼"、"敝"、"少"等柔弱卑下的一面，这样才能最终达到"全"、"正"、"盈"、"新"、"得"的目的。

因此，本章后部分结论：只有做到"不自视"、"不自见"、"不自伐"与"弗矜"，才能达到守道修身，成为天下人的典范。本章"夫唯不争，故莫能与之争"，这样以退为进、以柔克刚的思想，与他的"无为而治"社会政治思想的总纲领是完全一致的。

第二十四章

原文

希言自然①。飘风不冬朝②,暴雨不冬日③。孰为此?
天地而弗能久,有兄于人乎④!
故从事而道者同于道,德者同于德⑤,失者同于失⑥。
同于德者,道亦德之。
同于失者,道亦失之。

注释

①希:通"稀",少。言:言语。是指政教法令。希言,字面上是少说话,含义是不施加政教法令。
②飘风:暴风、狂风。冬:终。冬朝(zhāo):整个早晨。
③冬日:即终日,整天。
④有:即又。兄:同"况"。有兄:又何况。
⑤德:道德,此又通"得",即获得,事情做对了。
⑥失者:指失道、失德。失,丧失,事情做错了。

译文

少言施加政教法令是合乎自然规律的。暴风不会刮整整一个早晨而不停,骤雨下不了一个整天。谁使它们这样的呢?天地的狂暴力量尚且都不能持久,又何况人呢?所以能依照道的规律办事的人,就应和"道"相合;能依照德的规范办事的人,就应和"德"相合,不依照道德的原则办事的人,应是失道、失德,应和"失"相合。符合"德"

规范的人,也就得到"道"了。违背"德"规范的人,也就失去"道"了。

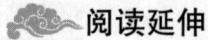

章旨

本章开头提示主旨"希言自然"。其"希言"与"贵言"说法相通,所以本章与第十七章相对应;却和第五章的"多言数穷"成一对比。这里希言指少说话,含义是不施加政令。

接着用风暴比喻不循"道"行事,就难以持久。最后讲的是得失自取。

所以说,老子在本章强调"道"的原则,告诫人们要相信"道",与"道"一致,循"道"行事,因此就会得到"道",并就会取得成功,否则就会失掉"道",必然就会失败。

第二十五章

原文

有物昆成①，先天地生。

萧呵②！谬呵③！独立而不改④，可以为天地母。

吾未知其名，字之曰道⑤。

吾强为之名曰大⑥，大曰逝⑦，逝曰远，远曰反⑧。

道大。天大，地大，王亦大。

国中有四大⑨，而王居其一焉。

人法地⑩，地法天，天法道，道法自然。

注释

①昆成：昆同"混"，成，完整。混成：浑然而成一体。形容"道"原始混沌状态的形成。

②萧：通行本作"寂"，寂静，无声。

③谬（liáo）：通行本作"寥"，无形，空虚。

④独立：独自长存。是指"道"的绝对性。不改：不变，是指"道"的永恒性。

⑤字之：字，别名，这里用作动词，取字。古代婴儿出生后三个月命名。成年后，男女分别在举行冠礼和笄礼时再起一个与本名涵义相应的别名叫字。之，代词，它是使动用法，意思是给它以别名叫做道。

⑥强（qiǎng）：勉强。为之：替它。

⑦大：大即指大道。逝：去。引申为运行。

⑧反：通"返"，返回，回归。

⑨国：这里指宇宙空间。
⑩法：效法、取法。人法地：人向地效法。

译文

有个东西浑然一体，在天地形成以前就已产生。无声啊！无形啊！它独立存在而永恒不变，可以看作是天地的母亲。我不知道它的名字，给它取个小名叫做"道"。我勉强替它起个名字叫做"大"，它广大无边可称为运行不止，运行不止，可称为运行遥远，运行遥远可称为返回它的本原。所以说，"道"大，天大，地大，王也大。宇宙中有四大，王就是其中之一。人取法地，地取法天，天取法"道"，"道"取法它的本原——自然。

阅读延伸

章旨

本章承上第四章、第十四章和第二十一章，又启下第三十四章，是老子对"道"的阐述和称颂的最重要的一章。他认为"道"是"先天地生"，而"为天地母"，并提出"道法自然"。

老子是中外历史上最早提出天地万物是由自然生成的思想家。他将天地万物的产生归结于自然之"道"的运动，是老子的一个可贵和值得重视的思想，这对于我们今天研究天体学说和宇宙理论以及人体科学、哲学等诸方面，将会有巨大价值。

第二十六章

原文

重为轻根,静为躁君①,是以君子冬日行②,不离其辎重③。唯有环官④,燕处则昭若⑤。若何万乘之王而以身轻于天下⑥?轻则失本,躁则失君。

注释

①躁:急躁,躁动。君:君主,此用比喻义,即主宰。指在静与躁对立矛盾中起主导作用。

②冬:通行本作"终",终日:整天。

③辎(zī)重:指军中装载器械粮草的车子,此借喻有根本、基础的意思。

④唯:通行本作"虽"。环:通"营",围墙。官:是古"馆"字,指宫室。

⑤燕处:安居。昭若:即昭然,通行本作"超然"。

⑥万乘(shèng):古代一辆兵车四匹马叫一乘。万乘之王:指古时拥有万乘兵车的大国君主。

译文

重是轻的根本,静是躁的主宰。因此君子整天行进,不离开他的载重车辆。虽有壮观的宫阙,却安居并超然物外。为什么拥有万辆兵车的大国君主,却使得自身轻浮躁动以治天下呢?轻浮就丧失了根本的原则,躁动就丧失了主宰的地位。

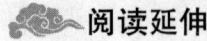 阅读延伸

章旨

  这一章老子开头讲"重为轻根,静为躁君",正面提出论点。结尾处从反面讲:"轻则失本,躁则失君。"归结到这个论点上来。这里老子提出重与轻、静与躁两对矛盾;他认为轻与重的对立,重为矛盾的主要方面;躁与静的对立,静是矛盾的主要方面,这是老子朴素辩证法思想的可贵之处。

  老子讲的"轻"、"躁"是属于"动"的范围,但指的是"动"的不好的方面,他指的是轻浮妄动。韩非子在《喻老》篇里说:"制在己曰重,不离其位曰静"、"无势之谓轻,离位之谓躁"。这是为封建社会君主服务的注解。这"戒轻戒躁"的主张,与前第十二章中的"驰骋田猎使人心发狂"的主旨相合,告诫人们不要轻率躁动,而要清静寡欲。这戒轻戒躁的原则,就是今天看来,也有可取之处,"戒轻戒躁"、戒骄戒躁,有其积极意义。

第二十七章

原文

善行者无辙迹①，善言者无瑕谪②，善数者不以筹策③，善闭者无关楗而不可启也④，善结者无绳约而不可解也⑤。

是以圣人恒善救人。而无弃人。物无弃财，是谓袭明⑥。故善人，善人之师；不善人，善人之资也⑦。

不贵其师，不爱其资，虽知乎大迷。是谓眇要⑧。

注释

①辙（zhé）：指车轮压出的痕迹。

②瑕（xiá）：指玉石上面的斑点，比喻缺点、毛病。谪（zhé）：责备、指责。

③筹策：古代用于记数、计算的竹制器具，也称筹码。

④关楗（jiàn）：关闭门户的器具，即门闩。古代横用的称做"关"，竖用的叫做"楗"。

⑤约：束缚，捆缚的意思，动词。

⑥袭明：双重聪明，指高层次的聪明。袭（xí），重叠。

⑦资：资财，引申为借鉴。

⑧眇要：眇同妙。指玄妙精要的道理。

译文

善于行走的，不留痕迹；善于说话的，没有差错让人指谪；善于计算的，不用筹码；善于关闭的，没用门闩却谁都不能打开；善于打结的，没用绳缠束却谁都不能解开。因此圣人总是善于救助人，从不废弃人，不抛弃有用的东西，这就叫因循常道、高层次的聪明。所以善人是善人的老师，恶人是善人的引以为戒的借鉴。不尊重他的师长，不爱惜他的借鉴，虽然自以为明智，其实是糊涂虫，这叫做玄妙精要的道理。

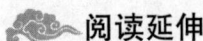 阅读延伸

章旨

  这一章老子通过举例说理，阐述要善于用"道"的规律济世救物，达到"无为而治"，这样的人才是老子提倡的高层次有内涵的聪明人。

  老子首先举了善行、善言、善计、善闭、善结五个事例说明顺应自然的显然效果，譬如善结，用绳缠束而不可解已很高明，不用绳缠束却使人不可解，自然是更高明。这就是高层次的聪明——袭明。接着老子说明圣人常顺应自然救人济物，圣人能把良民教育成人是高明，而圣人能把坏人教育过来，使不成废人，自然更高明。

  随后再从一个问题的两个方面指出"贵师爱资"的重要性及危害性的实质，最后末句得出结论。

第二十八章

原文

知其雄①,守其雌,为天下溪。

为天下溪,恒德不离②。

恒德不离,复归于婴儿③。

知其荣,守其辱,为天下谷。

为天下谷,恒德乃足。

恒德乃足,复归于朴④。

知其白,守其黑,为天下式⑤。

为天下式,恒德不忒⑥。

恒德不忒,复归于无极⑦。

朴散则为器⑧,圣人用则为官长。夫大制无割⑨。

注释

①其:代词,这个。雄:比喻刚强。下句"雌",喻柔弱。

②恒:普遍的,基本的。通行本作"常",永恒的。

③婴儿:道家认为婴儿无知无欲,用来比喻纯真状态。

④朴:本义是原初未动的木材,喻义是指纯真质朴的境界。

⑤式:典范,楷模。

⑥忒(tè):过失,差错。通行本作"忒"。

⑦无极:此指"道"的最高理想境界。极,极点。

⑧器:器物。

⑨大制:理想的政治制度。割:割裂,裁剪。

译文

深知刚强,却安守柔弱,甘作天下的溪流。甘作天下的溪流,永恒的德就不会离去,而会回复到婴儿那样纯真的状态。深知荣耀,却安守卑辱,甘处天下的低谷。甘处天下的低谷,永恒的德才可以充足,而会回复到质朴的境界。深知洁白,却安守污黑,愿作天下的典范。愿作天下的典范,永恒的德就不会有失误。永恒的德不会有失误,就又回归为无穷无尽的"道"。"朴"分散就成了物,圣人顺应情况安排成为领导。理想的政治制度是不治、不割裂"朴"。

阅读延伸

章旨

本章老子用辩证的观点,论述"知雄"而"守雌"、"知白"而"守黑"、"知荣"而"守辱",强调尚柔、不争、谦退、处下的思想原则,认为这样才能不离"恒德"、"复归于朴",这样就能进入"道"的状态。此与第八章中"上善如水……居众人之所恶,故几于道矣",是一脉相通的。

再一层意思是老子指出"朴散则为器",这是器,不是道,道亡才朴散,老子很反对。在第二十三章说:"圣人抱一,为天下式",在第十章里也说过"抱一"。老子主张理想的社会制度,不能割裂道,不能使朴散,因此本章结句说:"夫大制无割。"基本精神和前面是一致的,反映了老子"无为而治"的思想。

第二十九章

原文

将欲取天下而为之①,吾见其弗得已②。夫天下,神器也③,非可为者也。

为者败之,执者失之。物或行或随④,或嘘或吹⑤,或强或矬⑥,或陪或堕⑦。

是以圣人去甚⑧、去大、去奢。

注释

①为:治理。此有"人为"的意思,指不顺应自然而按人意勉强去治理。

②已:通"矣"。

③神器:神圣的器物。此指天下。

④或:有的。

⑤嘘:吐气缓。吹:出气急。

⑥矬(cāo):碎石,此指破碎。

⑦陪:通培,增加,助益。堕(huī):毁坏。

⑧甚:极端。大:通太,过分。奢:奢侈。

译文

要想取得天下而强行去治理它,我看他不会达到目的了。天下是个神圣的器物,是不可勉强治理的。强行治理的话会败坏它,强行控制的话会丧失它。那世间万物有的前行,有的后随;有的气缓,有的气急;

有的坚强，有的破碎；有的增益，有的毁坏。因此，圣人只顺乎自然，要去掉极端的、过分的、奢侈的东西。

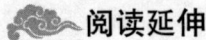阅读延伸

章旨

本章老子开头就提出论点，即"有为"必败，从而反证出那"无为"而治的主张。他认为治天下的最好办法是"无为"，治天下若要"有为"，就不能成功。

老子接着讲明原因：他认为施加暴力或强权之政，都将自取败亡，是因为世间的物性不同、社会的人性各别，执政者要能允许差异性与特殊性的存在和发展，不可强行一律，否则就走向其反面。老子看到了客观事物都在对立转化中的哲理思想是可贵的，因此最后警诫凡事都要避免过分和走向极端，因为凡事过分和走向极端是按个人主观意志行动从而违逆了客观自然的道理。

所以，老子主张理想的政治社会是顺应物性，听任自然，因势利导，达到"无为而治"的总原则。

第三十章

原文

以道佐人主①，不以兵强于天下②。

其事好还③。师之所居。楚棘生之④。

善者果而已矣⑤，毋以取强焉。

果而毋骄，果而勿矜⑥，果而勿伐。果而毋得已。

居是⑦，谓果而不强。

物壮而老⑧，谓之不道。不道蚤已⑨。

注释

①佐：辅佐、辅助。

②强：称强、逞强。此是形容词用作动词。

③还：还报、报应。

④楚：灌木名，牡荆。棘（jí）：植物名，酸枣。

⑤果：成果、成功、胜利。

⑥矜（jīn）：骄矜、自大。

⑦是：这些。

⑧壮：壮盛。老：衰老。

⑨蚤（zǎo）：通"早"。已：止、完。早已：早败亡。

译文

用"道"来辅佐国王，不要用兵逞强于天下。用兵这件事会得到报应。士兵经历过的地方，荆棘会丛生。善用兵的，只要取得胜利就罢了，不要用武力逞强。胜利了不要骄傲，胜利了不要自大，胜利了不要夸耀，胜利是出于不得已，这就叫做取胜不要逞强。凡是气势壮盛的就会走向衰老，这叫做不合乎道，不合乎道的就会很快败亡。

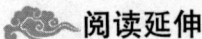 阅读延伸

章旨

  这一章集中而鲜明地反映了老子对战争的观点。有人认为："老子不严格区分战争的性质是否符合正义，一味加以反对，这是错误的。"又有人认为本章反映了老子的军事思想，从而把老子的整部著作看作是一部兵书，说他喜欢战争。

  我们认为要从老子原著来看，开头两句"以道佐人主，不以兵强于天下"是本章的主要论点。他主张用道安治天下，不能用兵逞强天下。因为"其事好还"，用兵这事容易遭到还击、得到报应。所以"有果而已"，善战的人胜利就算了，不敢用兵来逞强。否则"不道早已"。说不合乎道就早完蛋。总之，老子反对用兵称雄以及炫耀武力，并不等于反对战争。老子也不是喜欢战争，他认为："胜利乃出于不得已。"取胜不要逞强，否则就远离了道。走向反面会败亡。

第三十一章

原文

夫兵者①，不祥之器也②。物或恶之③。故有欲者弗居。

君子居则贵左④，用兵者贵右。故兵者，非君子之器也。兵者。不祥之器也，不得已而用之。铦袭为上⑤，勿美也。若美之，是乐杀人也。夫乐杀人，不可以得志于天下矣。

是以吉事上左⑥，丧事上右。是以偏将军居左⑦，上将军居右，言以丧礼居之也。杀人众，以悲哀立之⑧，战胜，以丧礼处之。

注释

①兵：指兵器，含有武力、战争的意思。

②祥：吉祥、吉利。

③恶（wù）：厌恶。

④君子：指德行高尚的人。

⑤铦（xiān）：锋利。袭：刺入、砍入。

⑥吉事：古代指祭祀、婚嫁之类事。上：通"尚"，崇尚。

⑦偏将军：佐将。偏，辅佐。

⑧立：有两种解释，其一说"立"同"泣"，其二说"立"，应为"莅"，此从后者，即莅临、到场。

译文

兵器是不吉祥的东西，大众都厌恶它。所以有道的人不使用它。君子平时安居把左边看作上位，用兵作战时则把右边看作上位。所以兵器不是君子所需要的东西。兵器是不吉祥的东西,君子实在不得已才动用它。兵器以锋利便于刺杀的为上等,但不要对优良兵器加以赞美。如果赞美它们,就是喜欢杀人。喜欢杀人的人,就不能实现统治天下的志向了。因此,吉庆的事把左边看作上位,丧事以右边为上位。因此,战时偏将军位于左边,上将军位于右边。这是说按丧礼来处理战事。杀人众多,要带着悲痛的心情到战场;打了胜仗,要按丧礼来处理它。

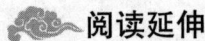 阅读延伸

章旨

这一章是紧承上一章而来的姊妹篇。老子用"道"作为指导思想,表述对兵器的认识、对战争的看法。他认为不能赞美战争,赞美战争就是喜欢杀人,喜欢杀人就不能得志于天下,这反映了老子的人道主义精神。

再一层意思是老子从古礼来证明战争是不祥之器。古代"吉事上左,凶事上右";用兵时,偏将军居左,上将军居右,可见是以凶事、用丧礼来对待战争,显然战争是坏事。然而,老子绝不是"反对一切战争的态度"。他在这两章中都说过:在"不得已"的时候,还是要用战争,这意味着用正义战争去抵御侵略战争,这反映了老子的辩证法思想。

第三十二章

原文

道恒无名。朴虽小①,而天下弗敢臣②。侯王若能守之,万物将自宾③。

天地相合,以俞甘露④,民莫之令,而自均焉。始制有名⑤,名亦既有⑥,夫亦将知止。

知止所以不殆。俾道之在天下也⑦,猷小谷之与江海也⑧。

注释

①朴:道的别名,道"复归于朴"。小:细微渺小。吴澄说:"道弥满六合(道充满天地四方),而敛之不盈一握(而又收缩不满一把),故曰小。"

②臣:名词活用为动词,下省略宾语"之",是使动用法。这句意思是:天下没有谁能使它臣服,役使支配它。

③宾:用作动词,宾服的意思,即归附,归顺。

④俞(yú):报答,此指"降下"的意思。

⑤始制:开始制定。

⑥既有:已经有。

⑦俾(bǐ):使。通行本"俾"字处为"譬"字。

⑧猷(yóu):犹如。通行本"猷小"处作"犹川"。

译文

"道"是永恒的、没有名字可称。它的本性纯朴自然,虽然幽深微小，可是天下谁也不敢支配它。侯王如果能守住它，万物就将自动地归顺。天地间阴阳之气相配合，因此就降下甜美的露水，人们没有谁去命令它，却能自然分布均匀。开创了体制，便有了名位。名位已经有了，这也就将知道适可而止，知道适可而止就无争，因此就不会有危险。使"道"永远存在于天下，万物归顺，好像小溪归入江海一样。

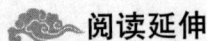 阅读延伸

章旨

  本章老子专门论述"道"的本性。首先说明道是永恒的、纯朴隐微的，却又是至高无上的，妙用无穷的。接着要求守"道"。侯王不强行作为，万物就会自动服从，百姓就会自然各得安乐。

  再者老子说要知道"道"之所在，如果能适可而止，就会避免各种危险。最后老子打比喻生动说明"道"，说："道之在天下，譬犹江海之与川谷。"

第三十三章

原文

知人者①，知也②。
自知者，明也。
胜人者，有力也。
自胜者，强也。
知足者，富也。
强行者③，有志也。
不失其所者④，久也。
死而不忘者⑤，寿也。

注释

①知：知道、了解。
②知：同"智"，智慧。
③强行：勉力勤行。坚持力行，努力勤奋。
④所：所在、处所。
⑤忘：忘记。通行本作"亡"，王弼注：身没而道犹存。

译文

善于了解别人的是有智慧，能够认识自我的才是高明。善于战胜别人的是有威力，能够战胜自我的才是坚强。知道满足的就是富有，坚持勤奋的才是有志。不丧失所在根基的就是长久，到死而不忘守道的才是长寿。

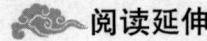 阅读延伸

章旨

本章老子用道作指导思想,专门阐述精神修养方面的观点。观点鲜明,论述精辟。八句话分四组:主宾相衬、重点突出。八句话里论述了八个大字是"智、明、力、强、富、志、久、寿",用绿叶扶红花的手法,突出了每一组的后者,强调修身养性要做到有自知之明,克服自己的弱点,坚持力行,人总要有精神等,这些都是具有积极意义的。

这一章老子讲的是高层次的修养问题,那得"道"的圣人,崇尚的不仅是"知人",而且是要"自知",这样才算高明,也就是《孙子兵法》说的:"知己知彼,百战不殆。"孙子就作战而言,可见道理是相通的,都渗透着哲理。

有人认为老子用的反衬手法,即乌云烘托明月。解释"知人"说,能知人之好恶而行巧诈者,是智,指俗君。解释"自知"说,能知常道却不自我炫耀,是明,指圣人。这种说法也有理,是认为"智"在老子全书中是贬而不褒。如前见第十八章、第十九章;后见第六十五章中的"智"。

第三十四章

原文

道氾呵①！其可左右也。
成功遂事而弗名有也②。
万物归焉而弗为主③，则恒无欲也，可名于小。
万物归焉，而弗为主，可名于大。
是以圣人之能成大也，以其不为大也。故能成大。

注释

①氾（fàn）：同"泛"，普遍，广博。高亨说："此言道体广大，左之右之无往不在也。"
②名：称说。有：存在，此指具有功德。
③弗：同"不"。主：主宰。

译文

"道"广泛博大呵！它永存宇宙、独立运行，能左能右、左右逢源，无往不在。功成事就却不自称有功有德。万物归附于它，而它却不自以为主宰，它乃是永远没有什么欲望，可以称说为微小。万物归附于它，而它却不自以为主宰，可以称说是伟大。因此，圣人之所以能够成为伟大，是因为他始终不自以为伟大，所以能够成就他的伟大。

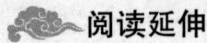 阅读延伸

章旨

　　本章是继第四章、第六章、第十四章、第廿一章和第廿五章之后,又专论"道"的功能、本性之博大。可分三个层次。第一层头两句总提道体广大,永存宇宙独立运行,无往不在。第二层中间部分论证"道"的伟大崇高,其一是"成功遂事而弗名有也"。其二是"万物归焉而弗为主"。"道"这种"万物归附于它,而它却不做主宰"的本性是值得歌颂的。今天领悟这就是奉献精神。

　　最后结语两句是第三层,说明原因:是因为他始终不自以为大,所以才能成就伟大。老子这充满辩证法的名言,是中华民族传统文化的精华。

第三十五章

原文

执大象①，天下往②。往而不害，安平大③。
乐与饵，过格止④。故道之出言也。曰：淡呵！其无味也。
视之，不足见也⑤。听之，不足闻也。用之，不可既也⑥。

注释

①大象：大"道"的法象，即指大道。
②往：归往、归顺。
③安：连词用法，则也，就。大（tài）：同"泰"，安泰。
④乐（yuè）：音乐。饵（ěr）：美食。格：通行本作"客"。
⑤足：可能。
⑥既：穷尽，完。

译文

谁执守住大"道"的法象原则，天下人就会归顺向往他。归往他而不互相伤害，就会得到和平安泰。动听的音乐与美味的食物，能吸引过往行人停留一时。大"道"却不像这样，所以"道"的发言，可说是平淡而没有滋味。看它，不能见其形，听它，不能闻其声，用它，却总用不完。

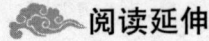

章旨

这一章紧承上一章,进一步歌颂"道"的伟大功能,老子再一次指出"道"的伟大,是平凡中的伟大。

本章分两部分,前一部分讲"道"的伟大:掌握住大道,天下人归顺,归顺道就可自然过和平安泰的美好生活。后一部分讲"道"的"平凡":它淡而无味,视之不见,听之不闻,平凡得没有吸引力,但不平凡是它的作用无穷无尽。

总之,"道"的气质是貌似平凡,却不平凡,换言之,是平凡中的伟大,伟大是由于平凡。从而反映了老子的"无为而无不为"的哲理思想。

"他之所以伟大,是因为他的平凡"的思想是可贵的。

第三十六章

原文

将欲拾之①,必古张之②。将欲弱之,必古强之。将欲去之③,必古与之④。将欲夺之,必古予之。是谓微明⑤。友弱胜强⑥。鱼不脱于渊。邦利器不可以示人⑦。

注释

①拾:收。

②古:同"故",故意、有意。

③去:除去,除掉。

④与:交好。

⑤是谓微明:是,这。微明,微妙的道理。

⑥友:通行本作"柔",此用"柔"较合理。

⑦邦利器:邦,国。利器:指君主的权势大。据《韩非子·喻老》说:指国家的权力。通行本作:国之利器。此句中"示",即显示、炫耀给别人看,此处是说:不可用强权(利器)政治来炫耀威吓人民。

译文

要想收缩它,必须故意扩张它。要想削弱它,必须故意增强它。要想除掉它,必须故意交好它。要想夺取它,必须故意给予它。这叫做微妙的谋略。因此柔会胜刚、弱会胜强。鱼不能离开深渊之水,治国者不可用强大权势来炫耀威吓广大人民。

阅读延伸

章旨

　　本章是运用辩证的方法，从现象到本质阐明"道"的"柔弱胜刚强"的原理。承前第二章、第九章而来，又启后第四十三章、七十六章、七十八章。本章是枢纽。

　　本章分两个层次，第一个层次是基础，老子首先列举开合、强弱等事物矛盾对立转化现象，阐明他所观察摸索到的客观事物发展变化的规律——物极必反、势强必弱。

　　第二个层次在"物极必反"、"势强必弱"、"盛极必衰"观念的基础上进一步推导出了本质原理——"柔弱胜刚强"。

　　本章最后老子用"柔弱胜刚强"的原理，打比喻告诫统治者不要显示强权。而逞强恃暴是不会持久的，必然会走向反面。

第三十七章

原文

道恒无名①。侯王若能守之,万物将自化②。化而欲作③,吾将阗之以无名之朴④。阗之以无名之朴⑤,夫将不欲⑥。不欲以静,天地将自正⑦。

注释

①名:名称。这里指"形态"。
②自化:自然教化。
③化:变化。作:起,此指萌生。
④阗(tián):镇定。通行本作"镇"。
⑤朴:淳朴。此指"道"而言:"道常无名,朴。"
⑥夫:彼、那。
⑦自正:自然正常。

译文

"道"是永恒的,是无形的。君主如果能保守住它,万物自然会潜移默化。发展变化而有那欲望将萌动起来,我会用无形的"朴"来镇定它。用无形的"朴"来镇定它,那将会没有贪欲。它没有私欲就会平静下来,天下人间将会自然正常。

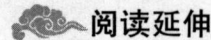 阅读延伸

章旨

本章承上启下,与五十七章相对应,与三十二章相呼应,三十二章讲侯王守道之益,本章则补充用朴之效。本章进一步阐述理想的政治在于"无为"而"自化"。

老子提出要达到这社会政治的最高原则,论述了"无为"与"欲"、"朴"与"静"的关系。"欲"作,以"朴"镇之,使"不欲","不欲以静",天下自然会平静安定。

下篇 德经

第三十八章

原文

上德不德①,是以有德。下德不失德,是以无德。
上德无为,而无以为也;下德为之,而有以为。
上仁为之,而无以为也;上义为之。而有以为也。
上礼为之②,而莫之应也,则攘臂而扔之③。
故失道而后德。失德而后仁,失仁而后义,失义而后礼。
夫礼者,忠信之泊也④,而乱之首也。
前识者⑤,道之华也,而愚之首也。
是以大丈夫居其厚,而不居其泊,居其实,而不居其华⑥。故去彼而取此⑦。

注释

①上德不德:前一个"德"是名词,指道德。后一个"德"用作动词,意动用法,不以为有德。
②礼:指古时的社会道德行为规范。
③攘(rǎng):捋起、卷起。攘臂:卷起袖子,伸出胳膊。扔:拉。

④泊：通"薄"，浅薄。

⑤前识：先知，有先见的人，据《韩非子·解老》说，此指无根据的预测。

⑥华：浮华，虚华。

⑦彼：指上文的"薄"、"华"，即指"礼"和"前识"。此：指相对的"厚"、"实"，就是指"道"与"德"。

译文

高层次的"德"不自认为有"德"，因此才是真正有"德"。低层次的"德"自认为不丧失"德"，因此实际上是没有"德"。高层次的"德"是顺其自然，无意表现它的"德"。低层次的"德"是做道德事、有意表现它的作为。高层次的"仁"有所作为，而无意表现它的"仁"。高层次的"义"有所作为，而有意表现它的"义"。高层次的"礼"有所作为，却没有人响应它，于是就卷袖捋臂地硬拉强拽人按礼行事。所以丧失了"道"，然后才讲"德"；丧失了"德"，然后才讲"仁"；丧失了"仁"，然后才讲"义"；丧失了"义"，然后才讲"礼"。"礼"这个东西，是忠、信的淡薄，邪乱的祸首。所谓先知先见之明，不过是"道"的浮华，而且是愚昧的开端。因此，大丈夫立身敦厚，而不居于浅薄，存心朴实，而不居于浮华。所以要舍弃浅薄与浮华，而选取敦厚和朴实。

阅读延伸

章旨

本章是德篇的开始，把德分成两大类，即上德和下德，它们的分界线是，上德是不德，下德是不失德；上德是无为而无以为，下德是为之而有以为，界线很分明。上德是无为所以近道，下德是有为（为之）

所以离开了道。下德又可分为三个等级，一是上仁，二是上义。三是上礼。

这三者都是"为之"，所以都是下德，不过上仁为之而无以为（非故意表现它的仁）是下德中的上流；上义为之而有以为（故意表现它的义）是下德中的中流；上礼为之而莫之应（得不到任何反响）所以是下流，如果列个表的话，可如下表：

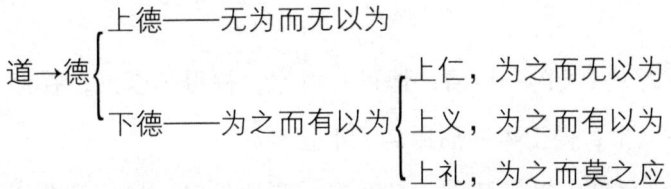

界线在"有为"还是"无为"，"表现自己"还是"不表现自己"。礼最讲形式，最讲表现，因此称之为忠信之薄，祸乱之首。前识（先知）问题是哗众取宠的东西，所以也不是好东西。老子提倡敦厚朴实的风气。

德经一开头就给道德分类，目的是在使大家有所归向（采《老子新解》的意见）。

第三十九章

原文

昔之得一者①：天得一以清；地得一以宁；神得一以灵；谷得一以盈；万物得一以生；侯王得一而以为天下正②。

其致之也③，谓天毋已清④，将恐裂；谓地毋已宁，将恐发⑤；谓神毋已灵，将恐歇⑥；谓谷毋已盈，将恐竭；谓万物毋已生，将恐灭；谓侯王毋已贵以高，将恐蹶⑦。

故必贵而以贱为本，必高矣而以下为基。夫是以侯王自谓孤、寡、不谷⑧。此其贱之本与？非也。故致数与无与。是故不欲禄禄若玉⑨，硌硌若石⑩。

注释

①昔：从前。一：指"道"。见第十四章"混而为一"。

②正：正轨，准则（正道）。

③致：至于，达到。

④已：停止。

⑤发（fèi）：同"废"，倾毁。

⑥歇：停歇、灭绝。

⑦蹶（jué）：跌倒，垮台。

⑧不谷：不善。

⑨禄：俸禄，此指尊贵。

⑩硌硌（luò）：石头坚硬粗劣的样子。

译文

自古以来获得"道"的：苍天获得"道"因而就清明，大地获得"道"因而就宁静，神仙获得"道"因而就灵验，河谷获得"道"因而就盈满，万物获得"道"因而就生长，侯王获得"道"因而就能做天下的准绳。但是这种情况达到了它的极点，也就是这样说：苍天不停地清明下去，最终恐怕要破裂；大地不停地宁静下去，最终恐怕要崩陷；神仙不停地灵验下去，最终恐怕要失灵；河谷不停地盈满下去，最终恐怕要涸竭；万物不停地生长下去，最终恐怕要绝灭；侯王愈来愈尊贵而高高在上，最终恐怕要垮台。所以果真尊贵了就要以卑贱为根本，果真高高在上了就要以卑下为基础。因此，君王自称"孤"、"寡"、"不谷"。这是君王卑贱的根本吗？不是的。所以招致过多的赞誉就反而没有荣誉。所以圣人不想像珠玉那样尊贵华美，而宁愿像顽石那样低贱丑陋。

阅读延伸

章旨

上章把"德"作了分类，本章阐述"德"与"道"的关系：只有得了"道"，才会有其"德"。陆德明曰：道生万物，有得有获，故名德。根据陆德明的解释，得就是德，就是有得于道的意思。"得"与"德"的区别，据韩非在《解老》中说："德者，内也，得者，外也。"这就是两者的区别了。

本章分两个层次。第一层从正反两方面论述"道"的功能，这一层里六个"一"，都是指的"道"，得"一"就是循于"道"则有"德"了，不循于"道"则无得。于是得道有德能生存安宁，反之就会破败死灭。第二层是在说天、地、神、谷、万物、侯王都离不开"道"，说明"道"的重要性，进一步专就侯王为例再论怎样才能得"道"有"德"。

第四十章

☁ **原文**

上士闻道①，堇能行之②。

中士闻道，若存若亡。

下士闻道，大笑之。

弗笑不足以为道。是以建言有之曰③：

明道如费④，

进道如退，

夷道如类⑤，

上德如谷，

大白如辱，

广德如不足，

建德如偷⑥，

质真如渝⑦，

大方无隅⑧，

大器晚成，

大音希声⑨，

天象无刑⑩。

道褒无名。

夫唯道，善始且善成。

☁ **注释**

①士：指古代的知识分子。从对悟"道"的深浅态度，分上、中、

下三种类型。

②堇（jǐn）：通"仅"。通行本作"勤"。勤奋。

③建言：立言，格言。

④费：费解烦琐。通行本作"昧"。暗昧。

⑤夷：平坦。类（lì）：通"颣"。偏斜。引申为崎岖。

⑥建：健。偷：苟且怠惰，松懈疲弱。

⑦质：诚信。真：指德。渝（yú）：改变，背弃。

⑧隅（yú）：角。

⑨希声：此指无声。希，通"稀"。

⑩天：通行本作"大"。刑：通"形"。

译文

上士听了道，勤奋地实行。中士听了道，半信半疑。下士听了道，哈哈大笑。不被嘲笑，就不够格称为道。因此古语说：光明的道好像暗昧，前进的道好像后退，平直的道好像偏斜，高尚的德好像低谷，洁白好像污黑，广大的德好像不足，刚健的德好像疲弱，诚实的德好像背弃，最方正的反而没有棱角，贵重的器物迟迟才能完成，最高的乐声听不到，最大的形象看不见，"道"盛大而无形。只有"道"，才能善始并且善终。

阅读延伸

章旨

通行本此章作《同异章》第四十一。

本章分三层：首先论述对悟道的三种不同态度，将"士"分为上、中、下三等，说明"道"隐微深奥的特性不易为一般人所领会。它的特性异常，本质未现，价值不同凡响。

接着引用十二句古语格言，说明上述"士"不同态度的由来。是由于"道"的高深莫测，只好引成语、打比喻，从有形与无形，存在与意识，自然与社会诸领域的多种事物的本质与现象中，论证矛盾的普遍性，充满辩证法。从上士看，道是明道，从下士看道若昧，写出道的不可捉摸和高深。末尾呼应开头"道"，并阐明"道"的重要功能与威力。

第四十一章

原文

反也者①，道之动也。

弱也者，道之用也②。

天下之物生于有，有生于无③。

注释

①反：通"返"。返回，还原。有两种含义：其一说是指"道"的返本复初。其二说是指向相反方向对立的一方转化运动。

②弱也者，道之用也：弱，柔弱。用，作用，运用。这句意思说弱是道的运用。老子认为柔胜刚，弱胜强，因此他主张处在柔弱地位，然后向对立面转化发展，取得最终胜利。

③有生于无：有，指有形质。于，从。无，指无形质。这句意思是说：万物之源是"道"，"道"生万物的过程是从无形质到有形质。

译文

向着相反的方向转化发展，是"道"的运动。保持柔弱的地位，是"道"的运用。天下万物产生于具体的有形质之物，"道"生万物的过程是从无形质之物产生出具体的有形质之物。

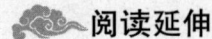 阅读延伸

章旨

　　本章论及以"道"为核心的密切联系着的三方面内容：返本归根是"道"的运动形式；柔弱是"道"的作用；由无形质到有形质是"道"生万物的过程。

　　返本归根的思想在很多章内都有反映，是老子哲学的归结点；但是，这种返归运动实际不是直线单向地来而不往，而是在循环过程中进行的。因为没有离去，就不会有返归，不生"有"，就不会返"无"。所以老子既说"归根"、"复命"（十六章），又说"周行不殆"，"大曰逝，逝曰远，远曰反"（二十五章）。以上采《老子注译》的意见。

第四十二章

原文

道生一①，一生二②，二生三③，三生万物。
万物负阴而抱阳，中气以为和④。
天下之所恶⑤，唯孤、寡、不谷，而王公以自名也。
物或损之而益⑥，益之而损。
故人之所教。亦议而教人。
故强良者不得死⑦。
我将以为学父⑧。

注释

①道：指阴阳配合之道，它是宇宙的本原。一：指天地未分时的原初混沌的元气。

②二：指天、地。

③三：指由天地产生的阳气、阴气与阴阳混合而成的和气。

④中：中间、适中。通行本作冲，交互冲撞的意思。

⑤恶（wù）：憎恶，厌恶。

⑥损：减损。益：增益。

⑦强良：通行本作强梁，强横霸道的人。不得死：就是不得好死的意思。

⑧学：通行本作教。父：通"甫"，开始。

译文

"道"产生原初混沌的元气，这原初元气生出天和地，天地生出阴

气、阳气以及和气,和气生出千差万别的物质。万物都包含着阴和阳,阴阳混合适中就生成新的和气。天下所厌恶的虽然是"孤"、"寡"、"不谷",但王公却用来称呼自己。事物有的减损了反倒增益,有的增益了反倒减损。所以别人所教导人的,我也说来教人。因此,强横霸道的家伙不得好死。我要把这道理作为教学的开始。

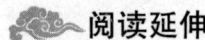

章旨

　　本章分两部分,前半部分讲"反也者,道之动也",后半部分讲"弱也者,道之用也"。此章是对上一章的补充论述。所以,有的学者将上一章和本章合为一章作《德经》第四章。

　　此章由道一而说万物,由万物而说阴阳,由阴阳而说损益。前面讲:"万物负阴而抱阳,中气以为和。"论述的就是阴阳配合的运动规律。后面讲:"物或损之而益,益之而损。"论述事物向相反方面转化,"道"的运动可分两方面:一是发展,二是转化。文章结尾处提出警告说:"故强良者不得死",此指背道行事的强霸人,决没有好下场。这说的就是转化,因而说应用"弱",保持柔弱的地位是"道"的运用。认为只有守柔、抑强,才符合"道"的原则,才能有益无损。谦受益,满招损,渗透着辩证法。

第四十三章

原文

天下之至柔①,驰骋于天下致坚②。
无有人于无间③,吾是以知无为之有益也。
不言之教,无为之益,天下希能及之矣④。

注释

①至:最。
②驰骋(chěng):原指马快速奔跑,这里比喻攻击、贯穿,无所阻挡。
③无有:此处指不见形迹的东西。无间:指没有间隙的东西。
④希:通"稀",稀少,罕见。

译文

天下最柔弱的东西,能在天下极坚硬的东西里穿行无阻。空虚无形之物,能够进入没有缝隙的东西中。我因此而知道无为的好处。不用空谈的教化,无为的好处,普天下很少事物能够赶得上它。

阅读延伸

章旨

这一章承接前一章后半内容,阐述柔能胜刚、弱能胜强以及无为的好处。老子一贯主张"守柔"、"无为"。柔弱是"无为",刚强属"有为";最坚强的东西阻挡不了最柔弱的东西,"坚强"不如"柔弱","有为"不如"无为"。所以有人举例说,水和空气,至柔之物,然而偏能穿石运物,化石蚀金,这是至柔驰骋于至坚而尽人皆知的事。另说:日月之光本无质也,而能透乎□屋。无有入于无间者,此类是也。因此本章总结出:"无为之有益。"老子申述"天下希能及之矣",说明守柔才是常胜之道。所以在第八十章说:"天下莫柔弱于水,而攻坚强者莫之能先。"这是对前第四十一章的"弱也者,道之用也"的具体说明。

第四十四章

原文

名与身孰亲①?

身与货孰多②?

得与亡孰病③?

甚爱必大费④,多藏必厚亡⑤。

故知足不辱,知止不殆⑥,可以长久。

注释

①亲:亲近,可爱。

②多:重,贵重,宝贵。

③病:苦,有害,担忧。

④爱:吝惜,吝啬。费:耗费,破费。

⑤藏:贮藏。厚:严重,重大。

⑥殆(dài):危险。

译文

名誉地位与身体生命哪一个更可爱?身体生命与财货家产哪一个更贵重?获得与丧失哪一样更令人担忧?过分吝惜必定会造成极大的耗费,过多的贮藏必定会造成严重的损失。所以知道满足就不会招致屈辱,知道适可而止就不会遇到危险,这样才可以使自身生命保持安全长久。

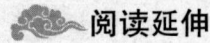 阅读延伸

章旨

本章反映了"明哲保身"的思想。俗人多轻身而求名利,贪得财物而不顾危亡。老子在此章唤醒世人要贵身重己,不可为名利而丢脸送命。

本章开头提出三个发人深思的问题:第一个问题讲人不应该为名,第二个问题讲人不应该为利,第三个问题要人考虑得失:甚爱大费,多藏厚亡,这类都是"失"的例子。知足不辱,知止不殆,这些都是"得"的例子。当你领悟孰得孰失,那就知道该怎样去做,不该怎样做,因此也就可以长久安全。

本章所论,指出在人类社会中,同样存在着对立物相互转化的自然法则。老子要人们注意,不要因争得名利而丧身,要少私寡欲,知足知止,清静无为,顺其自然。这还有可取的地方。如果领会成"事不关己,高高挂起";"明哲保身,但求无过",那就会产生消极影响,成为自由主义的表现了。

第四十五章

原文

大成若缺①,其用不敝②,大盈若冲③,其用不穷④。大直如诎⑤,大巧如拙⑥,大赢如绌⑦,大辩如讷⑧。躁胜寒,靓胜炅⑨。请靓可以为天下正⑩。

注释

①缺:缺陷。

②敝:败坏。

③冲:虚空。

④穷:尽,终结。

⑤诎(qū):通"屈",弯曲。

⑥拙(zhuō):笨拙。

⑦赢(yíng):有余。绌(chù):不足。

⑧讷(nà):说话迟钝。

⑨靓(jìng):通"静"。炅(jiǒng):热。

⑩请:愿意、乞求。正:君长。

译文

大的成就像有缺陷,它的作用不衰败;极其盈满像空虚,它的作用不会穷尽。极其正直像弯曲,极其灵巧像笨拙,极其有余像不足,极其善辩像言语迟钝。疾走可以战胜寒冷,安静可以战胜暑热,愿求清静无为的人可以成为天下的君长。

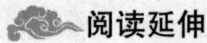

阅读延伸

章旨

任继愈在《老子新译》里说："这一章讲的是辩证法思想。老子认为有些事物表面看来是一种情况，实质上又是一种情况。表面情况和实际情况有时完全相反。在政治上不要有为，只有贯彻'无为'的原则，才能取得成功。"此说颇有理。

卢良彦在《老子新解》里说："这一章充满了辩证道理。要注意一个'若'字，大成若缺，大成不等于缺，仅仅是像缺，有大的成就时要不骄不躁好像没有大的成就一样，这样就会立于不败之地。其次，要完成大的目标，小的迁就是必要的，如果不愿作小的迁就而坏了大的目标，就贻害无穷，这就叫大直如诎。再次，对立面常常互相制约，特别是对立面的主导方面作用更大，'躁胜寒，静胜炅'就是。办事要好好利用对立面主导方面的作用。老子是以清静无为作为治理天下的主导面的。"此说颇有见地。

第四十六章

原文

天下有道①,却走马以粪②。

天下无道③,戎马生于郊④。

罪莫大于可欲⑤。

祸莫大于不知足。咎莫憯于欲得⑥。

故知足之足⑦,恒足矣。

注释

①有道:据王弼注,指知"道"满足,知"道"适可而止,不向外部贪求什么,而专意修治调理其内部。

②却(què):退,一说作"赶"。走马:奔跑的马,此指战马。粪:名词活用为动词,指运粪肥田。

③无道:据王弼注,指贪欲无厌,不修治调理内部,而各自向外部贪求。此与首句中的"有道"相反。

④戎(róng)马:军事用马。生:产驹(小马)。郊:古时国都之外,离都城50里的地方叫近郊,100里的地方叫远郊。这里泛指野外战场。"戎马生于郊"意思是说,古代战争中只用公马而不用母马,由于战争连年不断,战马不足,连怀胎的母马也被驱入战阵,以致在战场上生小马。

⑤可欲:多欲。马叙伦认为"多"、"可"通假。多欲,就是纵情,增多欲情,扩张野心。

⑥咎(jiù):灾祸、祸殃。憯(cǎn):同"惨",痛。

⑦故知足之足：之，是代词用法，译为"这个"、"这种"。这句意思：所以晓得满足这种满足。

译文

天下有道太平，让军马退下来运粪肥田；天下无道战争，有军马在郊野战场产仔。没有哪一种罪恶比放纵欲望更大，没有哪一种祸害比不知满足更大，没有哪一种灾难比贪得无厌更令人痛心。所以晓得满足为止的人，永远是满足的了。

阅读延伸

章旨

老子运用"道"的观点，反对战争的思想很鲜明。本章分三层。第一层他把两个世界作了对比描述：一是有道的世界，以马为例和平生产，人们生活自然安乐。二是无道世界，战乱惨况，"戎马生于郊"，不仅人受其祸，连马也受害。

第二层探讨战祸起因：说明战争的根源是君主无道，君主无道是由于他有野心，多欲，贪得不知足。因此第三层老子提示消灭战争的方法，劝告君主悟道知足。

第四十七章

原文

不出于户①,以知天下;
不规于牖②。以知天道③。
其出也弥远④,其知弥少。
是以圣人不行而知,不见而名⑤,弗为而成。

注释

①户:门。
②规(kuī):通"窥",偷看,此指透过孔隙看。牖(yǒu):窗户。
③天道:指日月星辰运行的规律。
④弥(mí):愈、更加。
⑤名:通"明",明白。

译文

不走出门外,就能够推知天下的事理;不窥望窗外,就能够了解自然界的运行规律。他出外奔走得越远,而他了解的事理越少。所以,有道的人不必出行就能知情,不必窥见就能心明,不必妄为就能自然成功。

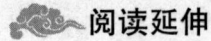阅读延伸

章旨

  本章讲的"圣人"是具有特异思维、特异功能的人。"不行而知",是遥感功夫;"不见而明",是遥视和透视功夫;"不为而成",是意念力功夫,也都是调动和恢复人的某些退化了的本能或潜能,是导引家练功达到的高级功夫。这些功夫的培成,就在于"不出户,不窥牖"。过去视老子学说为神秘主义,唯心主义,此章即为无可争辩的根据,是书中的糟粕。今天开展了人体系统科学的研究,进行了心灵感应实验,遥视透视实验,且已用之于实际。今凭地图探矿,找石油,找地下水,察管道伤损,实例不少。几个大国更秘密用于军事。这都是人的大脑意识调节了人体功能态的作用与反馈作用。再不应以过去的无知而厚诬古人,须知凭五官感识事物的界限今已突破。《史记·扁鹊传》记载名医扁鹊经长桑君的传授,三十天后便能隔垣视物。这透视功能如再视为妄诞,则见自己无知了。(采冯达甫说)

第四十八章

原文

为学者日益①，为道者日损②。

损之有损③，以至于无为。无为而无不为。

将欲取天下也④，恒无事⑤。

及其有事也⑥，又不足以取天下矣。

注释

①学：据河上公注，指"政教礼乐之学"。日益：指人的喜怒爱恶等情感、各种欲望、巧智诈伪等日渐增多。

②为道：推行道。日损：指人的喜怒爱恶等情感、各种欲望、巧智诈伪等日渐减少。

③有：同"又"。

④取：为，治。

⑤无事：即"无为"。指顺任自然而不造事。

⑥及：至于。有事：即"有为"。指人为生事，政令繁多，烦扰民众。

译文

追求政教礼乐之学就会一天比一天增多情欲和巧伪，推行无为而治之道就会一天比一天减少情欲和巧伪；减少又减少，一直到无为的境地。如能顺任自然不妄为那就没有什么事情办不成的了。要想治理天下要常靠无为之道，至于人为生事、政令繁多、烦扰民众，那就不够格治理天下了。

阅读延伸

章旨

本章与四十七章联系很紧密。开首两句十分重要，是对"为学"的贬抑和对"为道"的褒扬。"为学"是求外在的经验知识，经验知识愈累积愈增多。"为道"是透过直观体悟以把握事物未分化的状态或内索自身虚静的心境，这种工夫做得愈深，私欲妄见的活动愈减损。在这里"为学"的"学"是指"政教礼乐之学"（河上公注），老子认为"政教礼乐之学"实足以产生机智巧变，戕伤自然的真朴。老子要人走"为道"的路子，减损私欲妄见，返归真纯朴质（"以至于无为"——"为"便是指私欲妄见的活动。"无为"便是去除私欲妄见的活动而返归真朴）。为政的目的在于使人民"自化"而各安其业，老子认为用"无为"的方式，当可达到这种"无不为"的效果。（基本上采陈鼓应之说）

第四十九章

原文

圣人恒无心①,以百姓之心为心。

善者善之②,不善者亦善之,德善也③。

信者信之,不信者亦信之,德信也。

圣人之在天下,歙焉④。

为天下浑心⑤。

百姓皆属耳目焉⑥。

圣人皆孩之⑦。

注释

①恒无心:心,指偏心,即指主观偏见。通行本作"无常心"。

②善者善之:前"善"字作"善良"解,与"者"字合成名词性词组,善者,指善良的人。后一个"善"字,活用为动词,是"友好"的意思。

③德善:此"德"同"得"字,德善,就是得到"善"的真谛了,也就是指人心向善的意思。下文中"德信"与此同例。

④歙焉:歙(hē),此指翕(xī),指和顺相合的样子。通行本作"歙歙"。

⑤浑心:浑,浑沌。此是使动用法。浑心,指使人心思归化于浑厚质朴。

⑥属(zhǔ):专注。通行本作"注其"二字。

⑦孩之:孩,活用为动词,使动用法,使他们都保持像婴孩一样的

真朴状态。

译文

圣人永远没有主观偏见，以百姓的意见为意见。善良的人，我以善待他；不善的人，我也以善待他，这可使人心向善，因而得到了善。守信的人，我信任他；不守信的人，我也信任他，这可使人人守信，因而得到了信任。有道的圣人在治理天下之位，没有私欲偏见，与百姓和顺相合，治理天下使人心思归化于浑厚质朴。百姓们都对有道的圣人注目、倾听，圣人使百姓们都像婴孩一样，真纯质朴。

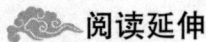

章旨

本章是讲悟"道"的"圣人"，即老子理想中的"人君"或"侯王"，是如何地理解人、尊重人、爱护人、无弃人，这和第二十七章中说的"无弃人"之人道主义思想是一贯的，此"圣人"故能"取天下也恒无事"。此正承上章而再说明之。

这一章老子阐述的主张是有积极意义的。本章分三层鱼贯而下，观点鲜明。首先讲理解人："圣人恒无心，以百姓之心为心。"其次讲尊重人："善者善之，不善者亦善之，德善也。"最后讲爱护人："圣人皆孩之。"老子讲的这些"圣人"与百姓"心连心"，"爱民如子"，"尊重人的自化"，讲的都是中国传统的治国经验，也是这篇文章的主旨所在，并且是老子阐述悟"道"观点的精华之体现。

第五十章

原文

出生，入死①。

生之徒十有三②，死之徒十有三，而民之生。

动皆之死地之十有三。夫何故也？

以其生生也③。

盖闻善执生者④，陵行不避兕虎⑤，入军不被甲兵⑥，兕无所揣其角⑦，虎无所措其措蚤⑧，兵无所容其刃⑨。

夫何故也，以其无死地焉⑩。

注释

①入死：指死而入地。

②徒：通"途"，路途。另说指同类。十有三：十分之三，大约三分之一。

③生生：是动宾关系，前"生"作动词寻求（生路），后面"生"，名词，生存。生生就是求生、养生的意思。

④执：保持。通行本作"摄"（shè），保养。

⑤陵：大土山。兕（sì）：古代犀牛一类的独角兽。

⑥被：动词，遭到，受到。另说：带。

⑦揣（chuǎi）：试。

⑧措：施展。蚤（zǎo）：通"爪"。

⑨容：通"庸，"用。刃：刀口、刀锋。

⑩无死地：没有进入死亡的领域。是说在危险四伏的环境中，却没

有进入死亡之地。这是因为他真正善于养生，一切顺其自然而避开了死亡之境地。

译文

人出世为"生"，入地为"死"。人生之路属于长寿的，占十分之三；属于短命的，占十分之三；人本来可以活得久长，却自己走向死路的，也占了十分之三。这是什么缘故呢？这是因为他们养生的过度。听说善于保护生命的人，在大山中行走不避犀牛和老虎，进入敌阵中不带铠甲和兵器。对他犀牛用不上刺人的角，对他老虎用不上伤人的爪，对他兵器用不上它的锋刃。这是什么缘故呢？这是因为他顺应自然而没有进入死的境地。

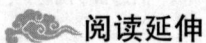
阅读延伸

章旨

这一章讲养生之道。老子认为，人生在世，大约有十分之三是长寿的，十分之三是短命的，这些都是属于自然的死亡。另有十分之三的人，本来可以活得长久，但是贪婪好得，伤残身体，而自己糟踏了生命。只有极少数（十分之一）的人，善于护养自己的性命，能做到少私寡欲，过着清静朴质，纯任自然的生活。（采陈鼓应之说）

第五十一章

原文

道生之，而德畜之，物刑之①，而器成之②。
是以万物尊道而贵德。
道之尊，德之贵也，夫莫之爵而恒自然也③。
道生之，畜之，长之，育之，亭之④，毒之⑤，养之，复之⑥。
生而弗有也，为而弗恃也⑦，长而弗宰也，此之谓玄德。

注释

①刑：通"形"，指构成万物形态。
②器：器物。
③爵：指赐爵位，使其尊贵。
④亭：结成果实。亭，通"成"。
⑤毒：果实成熟。毒，通"熟"。
⑥复：覆盖，保护。
⑦恃：依仗。

译文

"道"生育万物，"德"蓄养万物，物质构成万物的形态，形象完成万物的品类。因此，万物都尊崇"道"而贵重"德"。"道"的受尊崇，"德"的受贵重，并没有谁赐给它们高贵的地位，而是它们从来就是顺任自然。"道"生育万物，蓄养万物，滋长万物，发育万物，结籽万物，成熟万物，调养万物，保护万物。生育万物却不据为己有，兴作万物却不自恃己能,滋长万物却不为其主宰,这才是道德的最高境界,把它称之"玄德"。

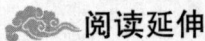 阅读延伸

章旨

本章讲"道"生万物的历程以及万物尊"道"的缘由。此章首叙道生万物的历程。万物生长形成分四个过程:一、"道生之",此承四十二章"万物负阴而抱阳,中气以为和",万物由"道"产生。二、"德畜之",道分化于万物即为德,物靠自己内在的德性来畜养。三、"物刑(形)之",由前两个过程形成的"种质",这种"种质"(本性)经过物化,成为物的雏形。四、"器成之",这种物的雏形,在一定的环境条件下,成为具体的物。此章接着说明道尊德贵的原因。上述四个过程中,其中最主要的是道和德的因素,万物自然会成长,所以尊道贵德在于它们完全出于自然。此章一再申述道生德畜的含义,可尊可贵还在于"生而弗有,为而弗恃,长而弗宰"。这"生长、为(兴作)、长养"都是说明"道"的创造功能,这"不有、不恃、不宰"都是说明"道"的无占有欲。在整个"道"的创造过程中,完全是自然的,万物的成长也是自由的。此章最后以玄德赞誉道。这是对第二十一章"孔德之容,唯道是从"的阐释。

本章说明"道"的创造性而不含占有性,以及"道"与万物的自然性而含自发性,这不仅是"道"的特有精神,也体现了老子哲学的基本精神。

老子

第五十二章

原文

天下有始①,以为天下母。既得其母,以知其子②。
既知其子,复守其母,没身不殆③。
塞其兑④,闭其门⑤,终身不堇⑥。
启其兑,济其事⑦,终身不棘⑧。
见常曰明,守柔曰强。
用其光,复归其明,毋遗身殃,是谓袭常⑨。

注释

①始:开端,原始,指"道"。

②子:指天下万物。

③殆:危险。

④兑(duì):孔穴,指耳目口鼻等感官。

⑤门:指精神知欲的门。

⑥堇(qín):愁苦。

⑦济:成。

⑧棘(jí):指纪,即找出头绪,整治。

⑨袭(xí):沿用、因袭。

译文

天下万物都有原始,这是天下万物的根本。既得到了根本,就能认识万物,既认识了万物,又守住它的根本,就终身不会遭到危险;堵塞耳目孔窍，封闭知欲的门户，就终身不必忧愁。打开耳目诸感官，完成了世间的事业，就终身不可治理。能看见常道叫做明，坚守着柔弱叫做强。运用它含蓄着的光，返照内在的明，不给自身留下祸殃，这叫做因袭不变的常道。

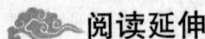 **阅读延伸**

章旨

陈鼓应说："本章重点：一、要人从万象中去追索根源，去把握原则。二、要人不可向外奔逐。向外奔逐的结果，必将离失自我。三、在认识活动中，要去除私欲与妄见的蔽障，内视本明的智慧，而以明澈的智慧之光，览照外物，当可明察事理。"这见解很好。

卢良彦说：各本都用"见小曰明"颇费解。解者以为看到微细的东西叫做明。后面又有"复归其明"，解者译成"回到观察细微的明"，与老子旨义很不符合，老子是"不尚明察"的，而这里大谈其"回到观察细微"岂不是唱了反调。后看到马叙伦引武内义雄语，谓"见小曰明"之"小"字，为"常"字之坏体，并以五十五章"知常曰明"为证。这一改很重要，把前后贯穿起来，使中心突出。

此发现很重要，也颇有理，故从之。

第五十三章

原文

使我介有知也①,行于大道,唯施是畏②。
大道甚夷③,民甚好解④,朝甚除⑤,田甚芜,仓甚虚,服文采⑥,带利剑,猒食而货财有余⑦,是谓盗夸⑧。
盗夸,非道也。

注释

①介:坚信不疑,确实。
②施(yí):邪。此指邪路。唯施是畏:宾语"施"借"是"提前到动词"畏"的前面去了。原即"唯畏施"。本句意思,只是害怕(走上)邪路。
③夷:平坦。
④解(xiè):同嶰(xiè),山涧之间。
⑤朝(cháo):朝廷。此指宫廷建筑设备。除:整洁。
⑥服:动词,穿着。文采:有彩色花纹的丝织品,此指华丽贵重的服装。
⑦猒(yàn):同餍,饱足。
⑧夸:大,魁。盗夸:盗魁,即强盗头子。

译文

假使我确实具有智慧,就要走在大道上,只是害怕走上邪路。大道很平坦,但是人君却喜欢走山间的斜径。宫殿非常华美,农田极其荒芜,仓库十分空虚;人君还穿着锦绣的衣服,佩带锋利的宝剑,享足精美的饮食,搜刮盈余的财物,这就叫做强盗头子。强盗头子走的不合乎正"道"呀!

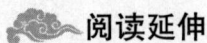 **阅读延伸**

章旨

张松如说:"本章尖锐地揭露了当时社会的一些矛盾现象。""从老子的'财货有余,是谓盗竽',到庄子的'圣人不死,大盗不止',它反映了从春秋到战国这一历史时代,随着剥削方式的变化以及与此而来的对剩余劳动之剥削的加强,社会上两大对抗阶级矛盾的深化。"

以上说明了本章的时代背景、文章主旨。本章反映的是古代社会政治内容。老子采用杂文式的写法,先说引子谈走到邪路可怕,再谈正文描述昏君宫廷剥削者聚敛挥霍,深刻地揭示出过分剥削所造成的严重社会破坏。因此,此章末尾为画龙点睛之笔:老子怒斥剥削者为盗魁——强盗头子。这同后来《庄子》中"窃钩者诛,窃国者侯"的愤怒呼声何其相似。此章可参见七十五章和七十七章的有关内容。

第五十四章

  原文

善建者不拔①，善抱者不脱②，子孙以祭祀不绝③。

修之身④，其德乃真。修之家，其德有余。

修之乡，其德乃长。

修之国，其德乃夆⑤。

修之天下，其德乃博⑥。

以身观身，以家观家，以乡观乡，以邦观邦⑦，以天下观天下。

吾何以知天下之然兹⑧？以此⑨。

  注释

①建：建立。拔：拔出。

②抱：抱持。脱：脱失。

③祭祀（jì sì）：祭神祀祖。

④修：整治。含有运用的意思。

⑤夆（páng）：丰厚。

⑥博：博大。

⑦邦：指国。

⑧兹（zī）：即哉。

⑨此：指代"以身观身"、"以家观家"等五句的内容。

  译文

善于建立"德"的坚不可拔，善于抱持"道"的牢不松脱，子孙能遵行这个道理，祭祀就可世代永不断绝。用"道"来修身，他的"德"就真诚；用"道"来治家，他的"德"就富余；用"道"来治乡，他的"德"就久长；用"道"来治国，他的"德"就昌盛；用"道"来治天下，他的"德"就博大。按照修身之道来观察一身，按照齐家之道来观察一家，按照合乡之道来观察一乡，按照治国之道来观察一国，按照平天下之道来观察普天下。我凭什么知道普天下的情况呢？依据的就是这个原则。

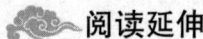 阅读延伸

章旨

上章讲"盗魁"是"无道"，本章讲"善建者"、"善抱者"是"有道"，故紧承论述"道"的功能和尊道修德的好处。本章采用先总写、后分叙的手法，首先讲"善建"、"善抱"的统治者能按照尊道有道和立德守德的原则，就兴旺发达，可世代享受子孙的祭祀，永不断绝。这是总写，然后分叙，王侯们如能把"道"、"德"这一原则贯彻到个人及天下，就可以取得修身、治家、治乡、治国、治天下的光辉业绩。最后讲怎样知道能达到这样的好效果呢？回答说，是由于观察代表性的身、家、乡……推演而知的。这就是当今说的调查研究，典型引路，全面展开的办法。《礼记·大学》言："自天子以至于庶人，一是皆以修身为本。"正与本章同义。

第五十五章

🌀 **原文**

含德之厚者，比于赤子①。

蜂虿虺蛇弗螫②，攫鸟猛兽弗搏③。

骨弱筋柔而握固。

未知牝牡之会而朘怒④，精之至也。

终日号而不嚘⑤，和之至也。

精和曰常。

知常曰明。

益生曰祥⑥。

心使气曰强⑦。

物壮则老，谓之不道，不道早亡。

🌀 **注释**

①赤子：初生的婴儿。

②虿（chài）：蝎类毒虫。虺（huǐ）：毒蛇。螫（zhē）：叮刺。

③攫（jué）：指猛禽凶鸟用爪疾取。搏：捕捉，抓击。

④牝（pìn）牡：鸟兽的雌性和雄性。会：交合。朘（zuí）：小男孩的生殖器。怒：勃起。

⑤嚘（yōu）：气逆。

⑥祥：指灾殃。

⑦心：指意志。气：精气。

译文

含"德"深厚的人，好比初生的婴儿。蜂蝎毒蛇不伤害他，凶禽猛兽不捕抓他，他筋骨柔弱而握物紧牢。他不懂得男女交合，而小生殖器却勃起，是由于精气非常旺盛。他终日号哭不止，却不气逆，是由于和谐达到极点。精气旺盛与元气和谐是自然的常道。掌握了常道，就是明智。贪求生活享受就是祸殃，任性使气损耗精气就是逞强。万物壮盛极而过早衰老，叫做不合乎"道"，不合乎"道"就会早亡。

阅读延伸

章旨

陈鼓应说：老子用赤子来比喻具有深厚修养境界的人，能返到婴儿般的纯真柔和。"精之至"是形容精神充实饱满的状态，"和之至"是形容心灵凝聚和谐的状态（此说抓到了本章的要点）。

张玉春、金国泰两位认为：本章以婴儿比喻"含德之厚"的得"道"者。他们无知、无欲、无为，因此于内"专气致柔"（第十章），于外不遭异物伤害，永远处于纯真、充实、自然、和谐的状态。告诫人们，贪生纵欲，任气使强，就背离了"道"，就会由盛壮走向衰老死灭。老子是要人们返本复初，"复归于婴儿"（第二十八章）。

这两位学者论述颇客观，既不肯定一切，也未否定一切。有人说得好：本章是描述德到了高深程度的情况，对有德之士提出内心世界的要求（详见《老子新解》）。

第五十六章

原文

知者弗言①,言者弗知。

塞其兑,闭其门,和其光,同其尘,挫其锐,解其纷,是谓玄同②。

故不可得而亲。

亦不可得而疏;不可得而利,亦不可得而害;不可得而贵③,亦不可得而贱,故为天下贵。

注释

①知:同"智"。言:说。

②玄同:齐同,均一。指玄妙齐同的境界,也就是"道"的境界。张松如贯通全章解释说:"这里所讲的'玄同',也就是'抱一'、'得一',使事物处于一种无差别的状态。在老子那里,他是看到了对立而夸大了'同一'。"

③贵:尊贵,崇尚。

译文

聪明的人不夸夸其谈,夸夸其谈的人不聪明。堵住耳目孔窍,关闭知欲的门户,调和其光辉,混同于尘垢,挫掉其锋芒,消解其纷乱,这叫做奇妙深奥而与"道"齐同抱一。所以,对于达到这种境界的人,不可能对他亲近,也不可能对他疏远;不可能对他获利,也不可能使他受害;不可能使他尊贵,也不可能使他卑贱。所以他就成为普天下最尊

贵的人。

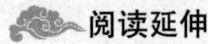

章旨

本章承上章讲有德之士的修养。上一章侧重有德之士内心世界的要求，比为赤子无知无欲。这一章侧重有德之士外部行为的讲究，主要做到"玄同"。本章所讲做到"玄同"的人，就是上章所说"含德之厚"的得"道"的"圣人"。

本章是老子具体论述"行不言之教"的修养。前二句提示主旨："知者不言，言者不知。"次七句说明使之"玄同"的途径："圣人"不需见闻，无所欲求，不露锋芒，不陷入纠纷，内敛光辉，混同尘俗。这就是老子讲的"不言之教"，这就是有德之士要做到的"玄同"修养。末七句点明效果："圣人"能超脱于亲疏、利害和贵贱之别，所以是天下最高贵的人。其中有两点值得注意：老子认为最聪明的人不夸夸其谈，不是风头主义者。再就是与群众关系密切中要有原则性。

第五十七章

原文

以正治邦①，以奇用兵②，以无事取天下。
吾何以知其然也哉③？
夫天下多忌讳④，而民弥贫；民多利器⑤，而邦家滋昏；民多智能，而奇物滋起⑥；法物滋彰⑦，而盗贼多有。
是以圣人之言曰⑧：我无为也，而民自化；我好静，而民自正；我无事，而民自富；我欲不欲，而民自朴。

注释

①正：平正，正规的方法，即指"正道"。
②奇：奇诡之术，出其不意的方法。
③何以：即以何，凭什么。
④忌讳（huì）：禁忌避讳。
⑤利器：指图利的精良器具。
⑥奇物：新奇物品。滋：益，更加。
⑦法物：法律制度。通行本作"法令"。彰：彰明，严明。
⑧言：言论，言语。

译文

用正道来治理国家，用奇诡的战术对外用兵，用清静无为的策略来掌握天下。我凭什么知道是这样的呢？根据是天下的禁忌越多，百姓就越贫穷；市场图利的器具越多，国家就越混乱；人的技巧心窍越多，邪风怪事就越发生；法律制度越严明，盗贼反而更多。所以有道的人说：我顺其自然，百姓自会潜移默化；我喜好清静，百姓自会走上正轨；我不扰民生事，百姓自会富裕；我没有贪欲，百姓自会淳朴。

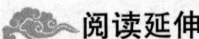阅读延伸

章旨

本章和第三十七章是相对应的，而且从内外、正反两方面入手，比三十七章说得更为具体透彻，观点很鲜明。讲"有为"不如"无为"，从而主张"无为而治"。

本章开头讲的"以正治邦，以奇用兵"是有价值的。老子分清国内百姓和国外敌人的不同，主张采用不同的手段，对内要用正，对外要用奇，要不厌其诈。

老子讲的"法物滋彰，盗贼多有"，真实地反映了当时的社会现实，当时的侯王为谋取私利，搜刮民财，搞的法令制度都是害民的，这就是老子主张"以无事取天下"的原因。老子看到了当时社会制度的危害是对的，但在解决问题时提出"无为而治"，只是"乌托邦社会情境的构幻"。

第五十八章

原文

其正闵闵①，其民屯屯②。
其正察察③，其邦缺缺④。
祸，福之所倚。福，祸之所伏。
孰知其极⑤？其无正也⑥。
正复为奇，善复为妖⑦，人之悉也⑧，其日固久矣。是以方而不割，兼而不刺，直而不绁⑨。
光而不眺⑩。

注释

①正：通"政"。闵闵：昏昧、糊涂。
②屯屯：淳厚。通行本作"淳淳"。
③察：明察苛细。
④缺：通"狯"，狡猾。
⑤极：极端，界限。
⑥正：准则。
⑦妖：邪恶。
⑧悉：熟悉。通行本作"迷"。
⑨绁（yì）：超越。通行本作"肆"。
⑩眺（tiào）：斜视。通行本作"耀"。

译文

政治上宽厚，百姓就淳朴。政治上严苛，百姓就狡猾。灾祸是幸福的依身之地；幸福是灾祸的藏身也所。谁知道它们的界限呢？这并没有一定的准绳。正会还原为邪，善会还原为恶，人们对这些的了解，时间本来就已很久了。因此圣人方正而不剪割万物，兼收并蓄而不刺伤他人，正直而不过度，光明而不耀眼。

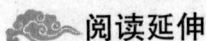阅读延伸

章旨

　　本章表现了老子朴素的辩证法思想。此章分三层次论述。首先从为政的"无事"（无为）、"有事"（有为）的不同结果，指出"无为"之政会导致民风淳朴，长治久安；"有为"之政会导致民风狡诈，社会动荡。接着讲从上述结果中悟出了一个道理：福与祸、正与奇、善与妖，能够互相转化，说明一切事物内部无不存在互相对立的两种因素，即前四十二章所说的"万物负阴而抱阳"。此章所说"祸，福之所倚；福，祸之所伏"是老子有名的句子，形象地说明了一对矛盾双方相互转化的关系，充分阐述了辩证的道理。不过事物之间的转化都是有条件的。这一层又看出一个问题：孰知其极？因此圣人行事，不为已甚。最后一层提出了"圣人"的处世哲学：为避免事物向不利的方面转化，就要时时处处适可而止，不要过分。反映出老子朴素辩证法的不彻底性，他不知人可以创造条件，使"福"了更"福"，也可以创造条件，防止祸患的发生。

第五十九章

☁ **原文**

治人事天①,莫若啬②。

夫唯啬,是以蚤服③。

蚤服是谓重积德④。

重积德则无不克⑤。

无不克则莫知其极⑥。

莫知其极,可以有国。有国之母⑦,可以长久。

是谓深根固氐⑧,长生久视之道也⑨。

☁ **注释**

①事:侍奉,此指保养。事天,保养天性,即"养生"的意思。

②啬(sè):吝惜。此指爱惜及蓄藏精力。

③蚤(zǎo):通"早"。服:从事、奉行。

④重:多,厚。

⑤克:胜任,成功。

⑥极:极限,尽头。

⑦母:本原,根源。比喻国家赖以安定的根本。

⑧氐(dǐ):通行本作"柢",树根。据《韩非子·解老》说:蔓延的根叫"根",下扎的直根叫"柢"。

⑨久视:久立,久活。据高亨说:即长久存在。

☁ **译文**

治理国家,养护身心,没有哪一种原则比得上爱惜精力更重要。因为爱惜精力而能先于别人顺奉"道";顺奉"道"在先叫做多积"德";多积"德"就没有什么不能胜任的;没有什么不能胜任就不知道他能力的极限;不知道他能力的极限,就可以担负起保护国家的责任;掌握治理国家的道理,就可以长久维持;这叫做深根固柢,长生久存的道理。

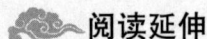 阅读延伸

章旨

　　本章提出"啬"的原则。老子把"啬"看作是"治人"、"事天"的最好原则,是"三宝"之一(见第六十七章)。"啬"是要收敛充实于内,是要积"德"。"德"是"道"的体现。积"德"就是为"道","德"深则"道"厚,就会无所不能,无所不至,就会获得旺盛的生机和坚实的根本。据以治国,则国运长久;据以养身,则长生不衰。(采《老子注译》之说)

　　《韩非子·解老》:"啬之者,爱其精神,啬其智识也。"高亨说:"啬本收藏之义,衍为爱而不用之义。此啬字谓收藏其神形而不用,以归于无为也。"老子主张塞兑闭门,不出户,不窥牖,都同为啬,是一义而分别加以阐述。五十七章"我无为而民自化"正可作此章首句之注脚。

第六十章

原文

治大国若烹小鲜①。以道立天下②,其鬼不神③。
非其鬼不神也,其神不伤人也④。
非其神不伤人也,圣人亦弗伤也。
夫两不相伤⑤,故德交归焉⑥。

注释

①烹(pēng):煎煮食物。小鲜:指小鱼。据《诗经·桧风·匪风》毛传:"亨(烹)鱼烦(一再扰动)则碎,治民烦则散(散乱),知亨(烹)鱼则知治民矣。"
②立:建立,治理。
③神:灵通,灵验。
④不伤人:指不惊扰百姓。
⑤两不相伤:承上述"不伤人",指"神"和"圣人"两方都不伤害人。
⑥"故德"句:此句意思是,鬼、神、"圣人"和民彼此能以德相待,都相安无事,各守其静。

译文

治理大国好比煎小鱼一样,不能常常去搅动它。圣人依照"道"这个原则来治理天下,那些鬼怪就不灵验了;不仅鬼怪不灵验,神仙也不伤害人;不仅神仙不伤害人,圣人也不伤害人。这样,正由于"神"

和"圣人"两者都不伤害人,所以人们和鬼、神、圣人彼此能以德相待,都相安无事,各守其清静。

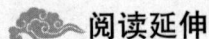 阅读延伸

章旨

本章承上三章(五十七至五十九章)再总论治国之道。首先提示原则:"治大国若烹小鲜。"老子以烹小鱼为例,说明治国应以清静为原则,万不可任意搅扰百姓。

接着点明方法——"以道立天下"。治国者守"道"、"无为",就可以使潜在的邪恶势力无机可乘,无祸可作。各种势力互不骚扰伤害,各守其静,天下就会相安无事。

最后指出关键:"圣人不伤人。"(现在所说的:关键在领导)商君说:"法之不行,自上犯之。"在上崇道不越轨范,自然邪气不生,鬼魅藏形,百姓安乐了。

本章与荀子《天论》有相同的地方。此章说,"以道立天下,其鬼不神"。《天论》说:"上明而政平,则是虽并世起无伤也。"都把政治清明放在首要地位,把"鬼神之祟"看作无足轻重。还说明只要人为得当,祸患则无由降生。

第六十一章

原文

大邦者，下流也①，天下之牝也。

天下之交也②，牝恒以静胜牡③。

为其静也，故宜为下④。

故大邦以下小邦，则取小邦⑤。

小邦以下大邦，则取于大邦。

故或下以取，或下而取。

故大邦者，不过欲兼畜人⑥。

小邦者，不过欲入事人⑦。

夫皆得其欲，则大者宜为下。

注释

①下流：指流水的下游。

②交：交汇。

③牝（pìn）：雌的禽兽。牡：雄性禽兽。

④下：谦下。

⑤取：通"聚"。下文中"以取"，以聚人；"而取"，聚于人。

⑥兼畜（xù）：兼并畜养。

⑦事：服侍，侍奉。

译文

大国，好比是江河的下游，处在天下雌柔的位置，是天下交汇的地方。雌柔常以安静而胜过雄强。因为它安静，所以适宜居守下位。所以如果大国对小国谦下，就能聚拢起小国，如果小国对大国谦下，就能被大国所容纳。因此，有的大国谦下以聚拢小国，有的小国谦下而被大国所容纳。所以，大国谦下不过是想兼并畜养小国，小国谦下不过是想要侍奉投靠大国。如果要使双方都可以满足自己的愿望，那么，大国尤其应该做出谦下的姿态。

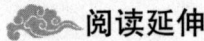 阅读延伸

章旨

前四章老子讲怎样治理国家，本章论如何处理国际关系。强凌弱，大欺小，是国际常事。春秋之际，弑君三十六，亡国五十二，此必有老子所见、所闻，或所闻于传闻者也。以哲人而处此，必思所以息纷争、止战祸，而安中国（见《老子臆解》）。

老子想解决国际争端，提出一条共同遵守的原则，减少纷乱。他不是像现在提的相互平等的原则，他提的是"相下"的原则，其用意是一样的。大国和小国之间要相互尊重。老子没有从"国家尊严"高度来说服侯王，而是用"大小国各得其所欲"来说服，古今理由不同，目的是相同的，希望国际和平，这是符合当时百姓愿望的（采《老子新解》）。

第六十二章

原文

道者，万物之注也①。

善，人之宝也②。

不善，人之所保也③。

美言可以市④，尊行可以贺人⑤。

人之不善，何弃之有？

故立天子⑥，置三卿⑦，虽有共之璧以先四马⑧，不若坐而进此。古之所以贵此者何也？

不谓求以得⑨，有罪以免与？故为天下贵⑩。

注释

①注：主，据甲本释文注："注读为主。"指主宰的意思。

②宝：珍宝。

③保：保持。

④美：赞美。市：动词用法，买卖，此指换取的意思。

⑤贺：以礼物奉送相庆。

⑥天子：古时帝王。

⑦卿（qīng）：古代辅助国君掌握军政大权的最高官员。

⑧共：同"拱"，双手合抱。璧（bì）：圆镜形，中有圆孔的玉器。共之璧，指大璧。四马：即驷马，古代一辆车并用四匹马。

⑨谓：通"为"，因为。

⑩为：被，受到。

译文

"道"是万物的主宰,是善人的珍宝,也是不善人的护身符。得道的善人嘉美的言语可以博得尊敬,崇高的行为可以值得庆贺。不善的人,怎能把"道"舍弃呢?所以拥立天子,设置大臣,纵然有拱璧在先、驷马随后的礼仪,倒还不如坐着进献上这"道"。古代所以贵重"道"是为什么呢?不就因为有所求就会获得、有罪就可免除吗?所以"道"受到天下人的尊重。

阅读延伸

章旨

本章老子在于说明"道"之可贵的理由,也就是在论述"道"的普遍功用与巨大价值。

"道"是万物的主宰,有人说得好:它是君临天下的至宝,它是实现人们愿望的至宝,它是免除人们罪过的至宝。有人说得对:善人化于道,则求善得善;有罪者化于道,则免恶人善。所以"道"为天下人所尊贵。

本章所说的"道",就是指清静无为之"道"。天子三公,拥拱璧驷马,不如怀着清静无为的心念。本章的目的,在于晓喻人君行"无为"之政。(采陈鼓应说)

上述几位学者之看法,深得本章意旨。

第六十三章

原文

为无为,事无事,味无味①。
大小②,多少③,报怨以德。
图难乎其易也④,为大乎其细也。
天下之难作于易⑤,天下之大作于细。
是以圣人终不为大,故能成其大。
夫轻诺必寡信⑥,多易必多难。是以圣人猷难之⑦,故终于无难。

注释

①味无味:以"无味"为"味"。前面的"为"、"事"、"味"均为动词,意动用法。后面的"为"、"事"、"味"均为名词。
②大:动词,使动用法,使……增大。
③多:动词,使动用法,使……增多。
④乎:于。
⑤作:兴起,发生。
⑥诺(nuò):许诺,答应。
⑦猷:考虑。

译文

以顺其自然的态度去做为,以不搅扰的方式去做事,以恬淡无味的感觉当作味。"道"能化小为大,化少为多,用恩德报答怨恨。对付困难要从容易的入手,实现远大要从细微的入手;天下的难事,必然从容易的做起,天下的大事,必然从细微的做起。因此,圣人始终不自以为大,所以能成就大事。轻易允诺的,必定信用不足;把事情看得过分容易,必定遭遇困难更多。因此,圣人遇事总多考虑,宁可把它看得艰难些,所以他终归没有艰难了。

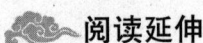阅读延伸

章旨

本章开头五句论述行事原则,也即"无为而无不为"的一贯总原则。老子说"为无为,事无事,味无味",这就已经透露出他还是要"为"的,只不过是要以"终不为大"的动机达到"故能成其大"的最终效果。

中间六句说明按原则行事能成其大的道理。老子看到了各种事情发展过程中难和易、大和小的对立统一关系,主张人们要适应它,由易"图难",由细"为大",既充分看到其大、难的一面,又从细小、容易的一面起步,循序渐进,最终就会化难为易。最后四句指出圣人终无难的缘故。因为老子采取完成大事难事的方法是:"图难乎其易,为大乎其细",所以"圣人终不为,故能成其大",结果"是以圣人犹难之,故终无难矣"。都符合"由量变到质变"的法则及"对立统一"的辩证观点。这个道理对于我们的工作有借鉴意义。

第六十四章

原文

其安也①,易持也②。

其未兆也③,易谋也。

其脆易判④,其微易散。

为之乎其未有,治之乎其未乱。

合抱之木,作于毫末⑤。

九成之台⑥,作于蔂土⑦。

百仞之高⑧,始于足下。

为之者败之,执者失之。

是以圣人无为也,故无败也;无执也,故无失也。

民之从事也,恒于其成事而败之。

故慎终若始,则无败事矣。

是以圣人欲不欲,而不贵难得之货;学不学,而复众人之所过⑨;能辅万物之自然⑩,而弗敢为。

注释

①安:安稳、安定。

②持:维持,支持。

③兆:征兆,苗头。

④判:分裂,分解。

⑤毫末:细毛尖。比喻细小的幼芽。

⑥成：同"层"，重。

⑦蔂（lěi）：装土的笼具。蔂土：指一筐土。

⑧仞（rèn）：古代七尺为一仞。

⑨复：返回。

⑩辅：辅助。

译文

事物稳定时就容易维持。事物没露征兆时容易筹谋。事物脆弱时容易分解，事物微小时容易消除。因此要在事情还没有发生时处理它，要在形势还没有发生动乱时治理它。合抱粗的大树，由细小的幼芽长成。九层的高台，由一筐土一筐土筑起。登上百仞的高处，从足下第一步开始。勉强作为反而会毁坏它，把持不放反而会失去它。因此，圣人顺从自然不妄为，所以没有失败；无所把持，所以无所失去。民众做事，常常在接近成功时失败。如果做事最终还能像最初一样谨慎，那么就不会坏事了。因此，圣人把没有欲望当做欲望，不贵重难得的财物，学习人所不学的道理，一反众人的过错回归于道，用此辅助万物的自然生成发展，而不敢轻举妄为。

阅读延伸

章旨

这一章是上一章的姊妹篇。上一章讲的是怎样从细小处着手办成大事。这一章是讲怎样从细小处着手防患于未然。

本章分三层，讲述三个要点：

其一："为之乎其未有，治之乎其未乱。"在祸乱发生之前，先作预防，注视祸患的根源，祸患就能防住。

其二:"合抱之木,作于毫末"、"百仞之高,始于足下",讲一切事物的发展过程都是从小到大的。远大的事情,必须有恒心一点一滴去完成,不然就会功亏一篑。

其三:"欲不欲"、"学不学"、"弗敢为",这与六十三章开头"为无为"等句遥相呼应,讲不能强行硬为,不然会失败。

第六十五章

原文

故曰：为道者非以明民也。

将以愚之也。民之难治也，以其知也①。

故以知知邦②，邦之贼也③。

以不知知邦，邦之德也④。

恒知：此两者亦稽式也⑤。

恒知稽式，此谓玄德。

玄德深矣，远矣，与物反矣⑥，乃至大顺⑦。

注释

①知：同"智"。通行本作"智"字。

②知邦：治理国家，通行本"知邦"作"治国"。

③贼：乱臣贼子，此指祸害。

④德：恩泽，此指幸福。

⑤稽式：稽通"楷"，即楷式，法式。

⑥与物反矣：跟物一起返回到事物的本原，即返归淳朴。反，同"返"。

⑦大顺：完全顺应自然。

译文

所以说：奉行"道"的人不是用"道"来启发人民精明智巧，而是要用"道"教育人民淳厚质朴。人民所以难以治理，乃是因为他们

有智巧心机。所以用智巧心机去治理国家，是国家的灾祸；不用智巧心机治理国家，是国家的福泽。要永远懂得：这两种治国方针的差异也是一条法则。永远懂得这一法则，这叫做"玄德"。"玄德"深奥又高远，它跟万物一起返回到本原，然后才能达到完全顺应于自然。

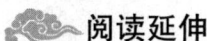
阅读延伸

章旨

　　本章讲以"道"为政的一项重要原则：愚朴返真，顺应自然。老子认为，百姓难治就难在他们有心智巧伪，而百姓有无心智巧伪，与执政者的关系极大。如果执政者巧用心智，就会诱发并增广人民的"情欲文饰"，使社会离真朴日远，天下不得安宁。如果执政者不用心机巧术，就会引导人民浑厚无邪，使社会同真朴日近，天下太平无争。

　　老子要人民不明而愚，是同执政者不用智术紧相联结，并以后者为手段的，在此是"无为而治"思想的反映，这同后代统治者专以奸诈之术实行愚民政策是不同的。但后代统治者在实行愚民政策的时候，却往往口诵老子之言，这也是事实，这虽然并非老子本意，但也说明了老子思想中含有消极、保守的一面，所以才可能被历代统治者所利用（以上采《老子注释》之说）。

第六十六章

原文

江海之所以能为百谷王者，以其善下之也，是以能为百谷王。

是以圣人之欲上民也①，必以其言下之②。

其欲先民也，必以其身后之。故居前而民弗害也，居上而民弗重也③，天下乐推而弗猒也④。

非以其无诤与⑤？

故天下莫能与诤。

注释

①上：活用为动词，在……之上。欲上民，想处在百姓之上。

②下：活用为动词，在……之下。之，代百姓。必以其言下之：必须要用言语表示在百姓的下面（谦下）。下二句中的"先"与"后"，都活用为动词，同此用法。

③重：重压、沉重。

④推：推荐，推举。猒（yā）：通"压"，抑制。又猒作厌。

⑤诤（zhèng）：通"争"，竞争。通行本诤作争。

译文

江海所以能够汇集一切溪流成为百谷之王，是因为它善于处在溪谷的下游，因此而能总汇溪流成为百谷之王。所以，圣人想要处在百姓之上为统治者，必须用言语对百姓表示谦下。想要处在百姓之前为领导者，必须把自身利益放在百姓之后。因此他处在百姓之前，而百姓不认

为有妨害；处在百姓之上，而百姓不认为是负重，所以天下人乐于拥戴而不抑制他。不正是因为他不争吗？所以天下没有谁能和他相争。

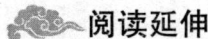

章旨

本章承上章"稽式"而具体论述王者之道。本章开头用江海作比喻，这和第三十二章"俾道之在天下也，猷小谷之与江海也"的意思相同。老子喜欢用江海来比喻人的处下居后，同时也以江海象征人的包容大度。江海为百川所趋，圣人为人心所向，都是由于"善下"的缘故。老子认为，执政者只有肯于居下，才会最终居上；只有肯于退后，才会最终进前；只有肯于不争，才会无人能争。总之，只有"无为"，才可以"无不为"。本章论述体现了老子朴素的辩证法思想。

老子针对统治者弄权作势于国内，极欲扩张于国外，百姓不堪其威压扰害之苦痛，还针对那些处在前面的人，见利争先，百姓受其损害，因此，老子要执政者谦下、退身，这与前第八章、二十三章"无争"主张一致，使百姓"不重"，"不害"，"乐推而弗口也"。

第六十七章

原文

小邦①，寡民②。

使什佰人之器毋用③，使民重死而远徙④。

有车舟无所乘之，有甲兵无所陈之⑤。

使民复结绳而用之⑥。

甘其食⑦，美其服，乐其俗，安其居。

邻邦相望，鸡犬之声相闻，民至老死，不相往来。

注释

①小：活用为动词，使动用法。意思是：使……小。

②寡：活用为动词，使动用法。意思是：使……少。

③什佰人之器：指十人、百人使用的大器具。

④重死：看重死、重视死。与第七十七章"轻死"意义相对。徙（xǐ）：迁移。

⑤甲：盔甲。兵：武器。陈：陈列。

⑥结绳：相传为文字发明前，人们记事的方法。

⑦甘：用作动词，意动用法，意思是：以……为甘。下三句中的"美"、"乐"、"安"同此。

译文

使国家的区域小些，人民少些。让大的器具没有用处，使人民爱惜生命，而不向远方迁移。虽有车船却不需要去乘坐，虽有铠甲、兵器却没地方布阵打仗用。让人民再如上古结绳以记事。人民以自己的食物为香甜，以自己的衣服为美观，以自己的习俗为欢乐，以自己的居所为安逸。邻国互相望得见，鸡鸣狗叫之声互相听得到，人民到老死也不互相往来。

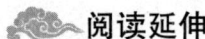

章旨

本章据甲、乙两本编次。通行本此作独立章第八十。这是老子描绘的乌托邦，认为这样的国家才是理想的国家，人们都来过着那种"甘其食，美其服，安其居，乐其俗"的悠闲日子，过着那种"邻国相望，鸡犬之声相闻，民至老死不相往来"的恬静生活。他描绘的显然是原始共产主义社会图景，没有剥削，没有压迫，自食其力，互不往来，过着自给自足的生活。但是这种理想是不可能实现的。就是原始公社时期也没有出现过。在物质生活很低的情况下，人们为起码生活——生存下去，得付出多大的努力，才能避免饥饿、死亡的威胁，怎么能甘其食、美其服、安其居、乐其俗呢？物质生活低，精神文明也不可能高。物质文明、精神文明都低，是不符合历史发展规律的。

由于当时剥削压迫严重，幻想出一个无剥削无压迫的理想国，是出于当时下层人们的愿望，老子描绘的乌托邦，还是为当时人们所憧憬的（采卢良彦说）。

第六十八章

原文

信言不美①,美言不信。知者不博②,博者不知。善者不多,多者不善。

圣人无积③,既以为人④,己俞有⑤;既以予人矣,己俞多。

故天之道,利而不害;人之道。为而弗争⑥。

注释

①信:真实,诚实。
②博:广博,渊博。
③积:积蓄,聚藏。
④既:已,尽。
⑤俞:通"愈",更加。
⑥弗争:不争。

译文

诚实的言谈不动听,动听的言谈不诚实。聪明的人不炫耀知识广博,炫耀知识广博的不聪明。善良的人显得不充裕,显得充裕的人不善良。圣人没有自己的积蓄,尽全力去帮助别人,自己反而更富有;尽全力给予别人,自己反而所得更丰足。所以天之"道",行事有利于万物,而不妨害它们;圣人之"道"行事,只对人有所施为,而无所争夺。

阅读延伸

章旨

通行本此章是全书末章,作显质章第八十一。兹据甲、乙两本编次。本章首先论述如何识别人。老子提出真假、美丑、善恶等矛盾对立的一系列问题,说明某些事物的表面现象,常常与其实际内容不一致,包含了朴素的辩证法思想。接着讲圣人的为人。老子用相反相成的规律,提出"圣人无积"的命题,从而讲道:"既以为人,己俞有,既以予人矣,己俞多。"这就把"有"与"无"、"多"与"少"的相反相成的道理,讲得全面深刻,成为名言。最后讲行事准则。老子提出"循天之道",有人认为是"均富思想",先由"人之道",逆推到"天之道",更由"天之道"以论证"人之道"。说出"天之道,利而不害",因此"人之道,为而弗争"。这就把"均富思想"提到了一定的高度,较之八十一章所谓"天道无亲,恒与善人",就更具主动性,更富积极意义了。

第六十九章

原文

天下皆谓我大①，大而不宵②。

夫唯不宵，故能大。

若宵，久矣其细也夫③。

我恒有三葆④，持而宝之。一曰慈⑤，二曰俭⑥，三曰不敢为天下先。

夫慈，故能勇；俭，故能广；不敢为天下先，故能为成事长⑦。今舍其慈，且勇⑧，舍其俭，且广，舍其后，且先，则必死矣。

夫慈，以战则胜，以守则固。天将建之，如以慈垣之⑨。

注释

①我：指"道"。

②宵：通"肖"（xiào），像。

③细：细小、渺小。

④葆（bǎo）：通"宝"，珍宝。

⑤慈：慈爱。

⑥俭：俭啬，蓄藏。

⑦成事：大器。"事"与"器"异文，成：大。

⑧且：取。

⑨垣（yuán）：护卫，通行本垣作卫字。

译文

天下人都说"道"博大，博大却不像一般事物。正因为不同一般

事物，所以才能够博大。如果像一般事物，它早就变得渺小了。"道"永远有三件珍宝，掌握着并珍视它们：第一件是慈，第二件是俭，第三件是不敢为天下先。因有慈柔，所以才能勇敢，因有俭啬，所以才能开拓，因不敢为天下先，所以才能成为天下的首长。如果舍弃慈柔谈勇敢，舍弃俭啬谈开拓，舍弃退让谈争先，就必然走向死路。那慈柔用于作战就可取胜，用于守卫就坚固。苍天要树立谁，就用慈爱去保卫谁。

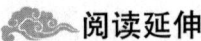 阅读延伸

章旨

  本章据甲、乙两本编次。通行本此作《三宝章》第六十七。此章承前（第六十五、六十六）两章而再论立国之道。章内"我"自然是指的"道"，所讲"三宝"就是"道"的三条基本原则。本章老子讲这三条原则对治理国家在政治和军事方面的具体运用。

  老子认为，道不仅存于自然，它也存在于社会，人们的行为也有道。对人们来说，有三件法宝值得重视，一是慈，二是俭，三是不敢为天下先，而"慈"尤能得天之助。他讲"三宝"关系到生死存败的大事，其中有老子朴素的辩证法思想，第一第二法宝有可取之处，而第三法宝过于保守。

第七十章

原文

故善为士者不武①,善战者不怒②,善胜敌者弗与③,善用人者为之下④。

是谓不诤之德⑤,是谓用人,是谓肥天⑥,古之极也⑦。

注释

①士:武士。此实指将帅。

②怒:发怒、激怒。

③与:对敌交锋,厮杀搏斗。

④"善用"句:据高延第说,意思是谦下待人,可以换得别人的诚心,士卒亲附,就乐于为之效力疆场。

⑤诤:同"争"。通行本作"争"字。

⑥肥:壮大。通行本作"配"字。

⑦极:准则,法则。

译文

所以善于作将帅的人,不逞其勇武;善于作战的人,不被激怒拼命;善于战胜敌人的,不与敌对斗而胜;善于用人的,对别人很谦虚。这叫做与人无争的美德,这叫做能利用别人的力量,这叫做壮大天"道",这是自古以来的准则。

阅读延伸

章旨

通行本此作《配天章》第六十八，兹据甲、乙两本编次。本章继续讲"道"的原则在军事方面的运用，直承上一章的"慈"、"勇"、"战"、"守"等方面的内容。此章老子提出怎样以"不争之德"来克敌制胜的道理，从而揭示了战略战术的原则。

本章首列四善：不逞强，不激怒，避免正面硬拼，利用旁人力量。首先对将帅所提出的这些要求，在军事学上，都有很大的价值。接着归纳三点，而以"道"的准则殿后。说明用兵也必须遵循"道"的原则，应是"不得已而用之"（第三十一章）。老子讲的"不争之德"，是符合天道的最高准则。基本精神还是"无为"，他估计人们认为无为会受欺挨打，因此他阐述无为——不争之德，力量大得很，是致胜之术。中心意旨是不战而屈人之兵，通过"不争之德"来取胜。

第七十一章

原文

用兵有言曰：吾不敢为主而为客①，吾不进寸而退尺。
是谓行无行②，襄无臂③，执无兵，乃无敌矣④。
祸莫大于无敌，无敌近亡吾葆矣⑤。
故称兵相若⑥，则哀者胜矣⑦。

注释

①主：指挑战的一方，进攻的一方。客：指应战的一方，防守的一方。

②行无行（háng）：第一个"行"，动词，指行进。第二个"行"，名词，指行列，阵势。

③襄：通"攘"，通行本作"攘"字，上举、举起。

④乃：就。通行本作"扔"字。无敌：通行本作"轻敌"。

⑤近：接近。亡：失去。葆：通"宝"。指六十九章"慈"、"俭"、"不敢为天下先"三宝。

⑥称：举。相若：相当。

⑦哀：悲愤，慈柔。

译文

用兵的人有这样的说法：我不敢主动挑起战争，确是不得已而应战，我不前进一寸，而宁可后退一尺。这叫做出兵行军却不见行列，奋臂上举却不见手臂，握起武器却不见武器，这样就无敌于天下了。祸害

没有再比轻敌更大的了,轻敌几乎等于丧失了我的三宝。所以,举兵相争时,双方力量相当,那心怀慈柔、悲愤的一方必定获得最后的胜利。

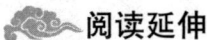

章旨

　　通行本此作《玄用章》第六十九,兹据甲、乙两本编次。本章和前面二章是相应的,继续讲"道"在军事方面的运用。特别阐扬哀慈,以明不争之德。第三十一章曾反映出老子的反战思想,他认为战争是"不得已而用之",这种思想与本章一气相通。

　　本章先讲主张不要挑起争端战事。应取"不敢为主而为客",说明有"道"的军事家不把战争用作进攻手段,而只用作防御手段。也是一种斗争方式。其次讲自视力量薄弱,在战争中要慎之又慎,不敢进一寸而宁可退一尺。做到有理有利了。再次讲惧怕的是目无敌人——轻敌。轻敌杀伤多,杀伤多则伤慈,所以老子说:"近亡吾宝矣。"最后讲:当两军力量相当时,被迫迎战而怀有"哀"心的一方必定胜利。其中提到轻敌必败、哀兵常胜的见解,确有它合理的地方。

第七十二章

原文

吾言甚易知也，甚易行也，而人莫之能知也①，而莫之能行也。
言有君②，事有宗③。
其唯无知也④，是以不我知⑤。
知者希⑥，则我贵矣，是以圣人被褐而怀玉⑦。

注释

①莫：无指代词，没有哪一个人。
②君：主宰，主见。此"君"与下句的"宗"都指"道"而言。
③宗：宗旨。此"宗"与上句的"君"是互文见义。
④其：指众人。唯：因为。
⑤不我知：不知我。否定句中，宾语"我"前置。
⑥希：通"稀"。
⑦被（pī）：通"披"，被是披的古字，穿的意思。褐（hè）：古代贫贱者所穿的用粗毛和麻编织成的短衣衫。

译文

我说的道理很容易理解，也很容易实行；但是天下却没有人能理解它，也没有人能实行它。我的言论是有主旨的，我做事情是有根据的。人们因为没有理解这个道理，所以就不理解我。理解我的人非常少，效法我的人就很珍贵了。因此，圣人就好比是外面穿着粗麻衣衫，怀内揣着宝玉一样。

阅读延伸

章旨

  本章依据甲、乙两本编次，通行本此作《知难章》第七十。本章是老子的自许和慨叹。老子主张"无为"，是要"无不为"；主张"无争"，是要"莫能与之争"。所以，他并非自甘默默无闻，他也希望自己的各种思想原则能通行于世。这里，老子既称许自己的主张切近简要，明了易行，又慨叹世人不了解"道"，不了解自己，不买自己的账。因此，他深感曲高和寡而不得不"被褐怀玉"（采《老子注译》说）。

  老子的思想企图就人类行为作一个根源性的探索，对于世间事物作一个根本性的认识，而后用简朴的文字说出单纯的道理来。文字固然简朴，道理固然单纯，内涵却很丰富，犹如褐衣粗布里面怀藏着美玉一般。可惜世人只慕恋虚华的外表，所以他感叹地说："知我者希。"（陈鼓应说）这一章里老子希望能获得知音，能有人实行他的"道"。

第七十三章

原文

知不知，尚矣①。
不知不知②，病矣。
是以圣人之不病，以其病病也③，是以不病。

注释

①尚：尚好，好。通行本作"上"字，上与尚古字通用。

②不知不知：王弼本及各本都作"不知知"。此据帛书甲本作"不知不知"，文义较顺，便于理解。蒋锡昌对"知不"四句作："能知其所不知者，上也；不能知其所不知者，病矣。"张松如据此说法译作："知道了，还以为不知道，高啊。不知道，而自以为知道，糟啊。"任继愈译这四句为："知道自己不知道，最好；不知道，而自以为知道，就是病。"

③病病：动宾短语（词组）。第一个"病"字，动词；第二个"病"字，名词，把毛病看作是毛病。

译文

知道了，又不炫耀自己知道，这是好事；不知道，还装作自己知道，这是弊病。因此，圣人不犯这种弊病，是因为他把这种弊病看作严重的弊病，所以他才没犯这种弊病。

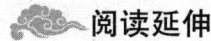阅读延伸

章旨

　　本章按照甲、乙本编次，通行本此作《知病章》第七十一。陈鼓应说，本章是就不知的态度上来说的。有些人只看到事物的表层，便以为洞悉事物的真相；或一知半解，强不知以为知。这在求知的态度上，欠缺真诚，所以说犯了谬妄的"病"。有道的人之所以不被视为谬妄，乃是由于他能不断地作自觉与自省的工作，能恳切地探寻"不知"的原因与根由，在不了解一件事情之前，也不轻易断言。在求知的过程中，能做到心智上的真诚。

　　孔子说："知之为知之，不知为不知，是知也。"苏格拉底说："知道自己不知道。"立意亦相同，要人有自知之明，并诚实地检视自己，以求自我改进。

　　所以总上而来，本章是老子从人对事物或道理多有不知的方面，讲人们要有自知之明。

第七十四章

原文

民之不畏畏①，则大畏将至矣②。
毋闸其所居③，毋猒其所生④。
夫唯弗猒⑤，是以不猒⑥。
是以圣人自知而不自见也⑦，自爱而不自贵也。
故去彼而取此。

注释

①畏畏：第一个"畏"，害怕的意思。第二个"畏"，通"威"。通行本作"威"。这一个"威"指由执政者发出的、威压百姓、要百姓畏惧的事情。简言之第二个"畏"作"威压"解。

②大畏："畏"通行本作"威"，这一个"威"指使执政者受到威胁、感到畏惧的事情。由于"畏"、"威"字相通，词同源，简言之"大畏"或"大威"指统治者将受到"天诛"。

③毋（wú）：不要。闸（gé）：闭门。通行本作"狎"，通"狭"，逼迫。

④猒（yā）：通"压"，阻塞，压榨。

⑤唯：只有。

⑥猒（yā）：倾覆。通行本作"厌"，厌弃。

⑦见（xiàn）：通"现"，显现。

译文

一旦百姓不再害怕威压，那么大的恐怖即将到来了。不要逼迫百姓

无处安居,不要压榨百姓无法生存。只有不压榨百姓,才不会遭到百姓的厌弃。因此圣人有自知之明而不自我表现,自爱自重但不自居高贵。所以他舍弃"自见"、"自贵",而选取"自知"和"自爱"。

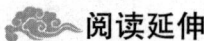

章旨

　　本章依据甲、乙本编次。通行本此作《爱己章》第七十二。这一章是老子对高压政治所提出的警告。全章分三层论述:首先说民不畏威的后果。老百姓到了不害怕刑罚时,那么大的恐怖就要发生,老百姓就会起来造反。接着讲民不厌弃的道理。换言之,就是讲的是官逼民反的道理。暴政逼迫,百姓到了无法生存时,就会铤而走险了。因此希望执政者对待百姓要宽厚,对百姓做出谦下的姿态,以免遭到百姓的厌弃。最后表明圣人的去取。圣人采取谦下宽厚政策,唾弃恐怖高压政策。

　　有人认为,在这些告诫和希望中,体现出老子清静无为,欲上必下,欲先必后的一贯思想,也反映出他对人民潜在力量的认识。

第七十五章

原文

勇于敢者则杀，勇于不敢者则活①，此两者或利或害。

天之所恶②，孰知其故？天之道③，不战而善胜，不言而善应，不召而自来，单而善谋④。

天网恢恢⑤，疏而不失⑥。

注释

①"勇于"二句：据蒋锡昌说："七十六章：'坚强者，死之徒；柔弱者，生之徒。''敢'即'坚强'；'不敢'即'柔弱'。"勇：指勇气。敢：指逞强。杀：与"活"相对，指"死"。

②恶：厌恶，憎恨。

③天之道：指自然之道，即自然的规律。

④单（dàn）：诚信，诚厚。通行本作"繟然"。

⑤恢恢：广大的样子。

⑥疏：稀疏不密的意思。

译文

勇气用于逞强争胜就不得好死，勇气不用于逞强争胜才会活得好。这两种不同人的勇气，有的用对了受益，有的用错了遭害。天道所厌恶的，谁知道它的缘故？自然的规律，不战而善于取胜，不言语而善于答应，不用召唤而自动到来，因诚厚而善于谋划。自然的功能是广大的罗网，网眼虽然稀疏，却不漏失任何东西。

阅读延伸

章旨

　　本章依据甲、乙编次。通行本此作《任为章》七十三。这一章讲天道自然规律以及柔弱不争原则。全章所述重点在说明首句。分三层阐述：先说敢与不敢的不同后果，"勇于敢者则杀"，逞强贪竞，无所畏惮，谓"强梁者不得其死"（四十二章），"勇于不敢者则活"，因柔弱哀慈，慎重行事。谓"柔弱者生之徒"（七十八章），用生死不同的后果来说明，人类的行为应选取"慈柔"，而遗弃"逞强"。这是什么道理呢？接着再讲自然的一般规律："天之道"就是自然之道。老子以为自然的规律是柔弱不争的，人类的行为应取法于自然的规律而恶戒逞强好斗。在军事方面，他主张"不战而善胜"，要善谋而不硬拼，这是有合理因素的。最后明告规律不容忽视："天网恢恢，疏而不失"，自然之道是有定数的，又是包罗万象而无可逃避的。所以人们只能顺应，否则会遭殃。

第七十六章

原文

若民恒且不畏死①,奈何以杀惧之也②?
若民恒且畏死,而为畸者吾将得而杀之③,夫孰敢矣?
若民恒且必畏死,则恒有司杀者④。
夫代司杀者杀,是代大匠斫也⑤。
夫代大匠斫者,则希不伤其手矣⑥。

注释

①恒(gèng):普遍。且:将近。
②奈何:怎么样?惧之:使动句式,使之惧怕。
③畸(jì):通"奇"。为奇:做不正的事。为邪作恶而犯法。
④恒(héng):通"常"。司杀者:掌管杀人的人。
⑤匠:木匠。大匠,指匠师,木工的首领。斫(zhuó):砍削。
⑥希:通"稀",少。伤其手:砍伤自己的手,比喻违天行事而自受其害。

译文

如果百姓普遍接近于不怕死,怎么能用杀人来恐吓他们呢?如果百姓普遍接近于怕死,那么对为邪作恶的人,我们可以把他们抓获杀死,谁还敢为非作歹呢?如果百姓普遍接近于果真怕死,那么通常有掌管杀人大权的人去执行杀人的任务,要是代替掌管杀人的人去杀,就如同代替高明的木匠师去砍削木材。代替高明的木匠师砍削木材的人,就很少

有不砍伤自己的手了!

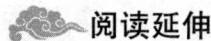阅读延伸

章旨

  本章依据甲、乙本编次。通行本此作《制惑章》第七十四。本章主旨在于批评和谴责统治者对百姓滥用杀戮政策。

  前一部分,指出杀戮政策是无效的,因而是不该实行的。"民不畏死,奈何以死惧之?"这一认识十分深刻。老子又用假设的事实("若民"至"孰敢"),反证了这一认识的正确性,增强了批评和谴责的力量。

  后一部分说奉行杀戮政策是违背天道的,同时警告说,违天伤人者必自伤。本章首尾所说"民不畏死"、"则希不伤其手",这与七十二章"民不畏威,则大威至矣"的思想实有相通之处。王弼以"天诛将至"注"大威至矣",这一注释似乎也正可移用于本章(采《老子注译》说)。

第七十七章

原文

人之饥也①,以其上食税之多也②,是以饥。
百姓之不治也③,以其上之有以为也,是以不治。
民之轻死也④,以其求生之厚也⑤,是以轻死。
夫唯无以生为者⑥,是贤贵生⑦。

注释

①饥:古时说饥,比饿的程度重。

②上:指居于民上的执政者,多指王侯。帛书"上"作"取"字。"税":马王堆本甲本作"逝",乙本作"跪"。此按通行本作"税",其义较当。

③治:治理。"不治"是因为"有为"破坏了清静、淳朴、天真和自然。见前第五十七章:"法物滋彰,盗贼多有。"第五十八章:"其政察察,其邦缺缺。"

④轻死:把死看得很轻。

⑤厚:此指过多。

⑥唯:只有。无以生为者:就是不厚生、不贵生的人,也就是恬淡无欲的人。

⑦是:此,这。贤:胜过,指高明,贤明。贵生:看重追求安逸的生活。

译文

老百姓所以受饥挨饿,是因为他们的统治者征收赋税太重太多,因

此而苦于饥饿。老百姓所以得不到治理，是因为他们的统治者强作妄为，因此而得不到治理。老百姓所以看轻死去铤而走险，是因为他们的统治者贪求生活享受过分，因此老百姓才看轻死去铤而走险。只有不在生活方面过分看重享受的人，才比贪求个人生活奢侈安逸的人高明。

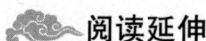阅读延伸

章旨

　　此章依据甲、乙本编次。通行本此作《贪损章》第七十五。本章承接前章，转换一个角度，继续对统治者提出批评和谴责。老子认为，统治者取税过多，百姓才饥饿；统治者实行"有为"政治，社会才动乱；统治者养生过于优厚，百姓才把死看得很轻。因此他认为，统治者恬淡无欲，清静无为，才是消除社会上的贫困和动乱的良方。

　　这里，老子对现实中不合理现象的揭示，对下层民众疾苦的反映，应该说是深刻的。对统治者的批评也是强烈的（采《老子注译》说）。

第七十八章

原文

人之生也柔弱，其死也胆信坚强①。

万物草木之生也柔脆②，其死也枯槁③。

故口：坚强者，死之徒也④；柔弱微细，生之徒也。

是以兵强则不胜，木强则恒⑤，强大居下⑥，柔弱微细居上⑦。

注释

①胆（gèng）：最终、末了。信（shēn）：通"伸"，身体伸直。

②脆：脆弱。

③槁（gǎo）：干枯。

④徒：类型。

⑤恒（gèng）：通"亘"，穷尽。通行本此字作"折"，较易理解，被砍折的意思。

⑥下：下降，下位。

⑦上：上升，上位。

译文

人活着的时候身体是柔软的，他死后躯体最终伸直僵硬。万物草木生长的时候形质是柔韧脆弱的，它死后就变得干硬枯萎了。所以说：坚硬刚强的东西属于死亡的一类，柔弱微细的东西属于生存的一类。因此用兵逞强就不会取胜，树木长到强壮就会被砍伐。凡是强大的就处于下降的地位，凡是柔弱微细的反而处于上升的地位。

阅读延伸

章旨

　　此章依据甲、乙本编次。通行本此作《戒强章》第七十六。本章承前三十六章、四十三章和启后第八十章,讲"柔弱胜刚强"之说,表现了老子贵柔戒刚的思想。

　　本章分三层:第一层是摆事实,从人类和草木的生存现象中,说明初生的时候都是柔弱的状态,而死亡的时候都是坚硬的状态。第二层是讲道理,老子从万物由生到死变化过程所观察到物理之规律或活动之常情:"万物草木之生也柔脆,其死也枯槁。"第三层为结论,老子断言:"坚强者死之徒,柔弱微细生之徒",这结论包含着坚强的物体已失去了生机,柔弱的物体则充满着生机。他虽然不可能认识到必然取得胜利的是新生事物,但是这条光辉原则,却为暂时处于劣势的新生力量,最终战胜暂时貌似强大的旧势力,提供了有力的思想武器。

第七十九章

原文

天之道，犹张弓者也①，高者印之②，下者举之③，有余者损之④，不足者补之。

故天之道，损有余而益不足⑤。

人之道则不然⑥，损不足而奉有余⑦。

孰能有余而有以取奉于天者乎？

唯又道者乎⑧？

是以圣人为而弗又，成功而弗居也。

若此，其不欲见贤也⑨。

注释

①犹：如同。张弓：上弓弦。

②印：用手指压下。通行本作"抑"，压低。

③举：抬高。

④余：多余。损：减损。

⑤益：增加。通行本作"补"字。

⑥人之道：指社会的一般规律。

⑦奉：奉献。

⑧唯：只有。又：通"有"。

⑨见：通"现"，显现，表现。贤：古人指才能、德性。

译文

自然的规律，就如同上弓弦：高了时就压低些，低了时就抬高些，

多余时就减少些,不够时就补足些。所以自然的规律,是减少多余的来补足不够的;人世的规律却不是这样,是削减不足的而供给有多余的。谁能够把多余的东西拿出来而奉献给天下呢?只有能够遵循自然规律的人吧?因此,圣人助长了万物而不望报恩,事业成就而不自居有功,像这样做,他从来就没想要显现自己的贤能才德。

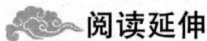 阅读延伸

章旨

　　此章依照甲、乙本编次。通行本此作《天道章》第七十七。在阶级社会里贫富不均的现象很严重,老子看到了,孔子也看到了,孔子在《论语》中说:"不患贫,患不均。"《论语·季氏》提出了这个问题,孔子对这种现象淡然置之并没有表现什么不满,老子的态度就不同,老子在这章里对这件事作了强烈的抨击。他把"天道"和"人道"作了鲜明对照,"天之道损有余而益不足","人之道损不足而奉有余"。借天道极衬出人道的不公。这是一个方面,另外孔子和老子对这件事都提出了解决的方案。孔子的方案是"盍彻乎!"《论语·颜渊》说"盍彻乎"的虽然是孔子的学生有若,但能代表孔子的思想,孔子主张用十一之税的方法,少收些税,减轻群众的负担,免得矛盾尖锐。老子主张要照天道,用"高者印之,下者举之"的办法,要那些有余的把多余的部分拿出来"以奉天下"。从这里可以看出老子对百姓的同情远胜孔子,解决问题的办法,也比孔子彻底些,主张均产。在阶级社会里,提出均产主张的最早的人,就是老子了(基本采卢良彦说)。

第八十章

原文

天下莫柔弱于水，而攻坚强者莫之能先也①，以其无以易之也②。

水之胜刚也，弱之胜强也，天下莫弗知也，而莫之能行也③。

故圣人之言云曰④：受邦之诟⑤，是谓社稷之主⑥；受邦之不祥⑦，是谓天下之王。正言若反⑧。

注释

①先：胜过。通行本作"胜"字。

②易：代替。

③行：实行。

④云：如此。曰：说。

⑤诟（gòu）：通"诟"，通行本作"垢"字，耻辱。

⑥社稷（jì）：古代帝王诸侯所祭祀的土神叫"社"，谷神叫"稷"。后来用作国家的代称。主：指君主。

⑦受：承受。不祥：指祸殃。

⑧正言若反：真理好似违反常理，正言好似反言。柔之胜刚，弱之胜强，本是真理，圣人之言，本是正言；世人不解，以为好似违乎常理，好似反言。

译文

普天下没有哪一种东西比水更柔弱的了，但是攻击坚强的东西却没有什么能胜过水的，因为它是没有任何东西可以代替得了的呀。水之柔所以能够胜过刚，弱之所以能够胜过强，普天下没有哪个不知道，但是没有哪个能照此实行。所以圣人的话这样说："能承担国家遭到屈辱的责任，这才配称国家的君主；能承担国家发生祸难的责任，这才配做天下的君王。"正面的话好像反话一样。

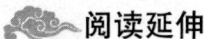

阅读延伸

章旨

本章依据甲、乙本编次。通行本此作《任信章》第七十八。此章承前第三十六、四十三、七十八章，讲发挥柔弱胜刚强的道理，老子再三盛赞水柔弱、居下的德性。

在春秋末年，随着铁器的广泛使用，人类在征服自然的斗争中，逐步加深了对自然现象和规律的认识。老子说："水善利万物而不争"，"天下莫柔弱于水，而攻坚强者莫之能先"，都反映了人类认识的深化过程。

老子身处动乱纷争的年代，所见所闻都是逞强斗胜，争权夺势，因此他希望执政者能具备水一样的德性，不仅要尚柔、居下，而且能受垢、受不祥，这样做才能有国、有天下。此乃是"不争"思想引申出来的，又一次以"水"喻道，表现"无为而治"的思想体系。

第八十一章

原文

和大怨①,必有余怨,焉可以为善②?
是以圣人右介③,而不以责于人④。
故有德司介⑤,无德司彻⑥。
夫天道无亲⑦,恒与善人⑧。

注释

①和:和解。

②焉:疑问代词,怎么。

③右:赞助,崇尚。介:善。"右介"通行本作"左契"。契:契约,合同,分为左右契。

④责:责求,索取。

⑤有德:指"有道者"。司:掌管。

⑥彻:是周代的田税法,指十一之税。引申为剥削的意思。

⑦亲:亲爱,此指偏爱。

⑧与:赞许,帮助。

译文

和解重大的仇怨,必然还会留有残余的仇怨,这怎么可以把它当作"善"呢?因此,圣人崇尚、赞助"善",但并不以此向人们索取。所以有"德"的人主管"善"事,没有"德"的人管事就剥削。天"道"对谁都没有偏爱,永远亲近、赞助有"德"的善人。

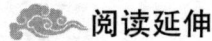阅读延伸

章旨

本章依据马王堆甲本编次。通行本此作《任契章》第七十九。

此章在于提示执政者不要与民结怨，要与人为善。用税赋来剥削百姓，用刑法来压迫百姓，都严重构怨于民。老子理想的政治社会是以德化民；辅助人民，给予而不大肆索取，决不骚扰百姓，这就是本章"圣人右介，而不以责于人"的主张。这和第七十九章所说的"能有余以奉天下"主张是相应的。本章还与第六十八章"圣人无积，既以为人，己俞有；既以予人，己俞多"的思想是相通的，因为这才符合天道，也就可以获得天道辅佑。所以本章最后归结到期望做个有德自善之人，而得天德福佑了。

全书以"夫天道无亲，恒与善人"一语作结.。"天道"与卷首之"恒道"无殊，遥相呼应，首尾圆合，天衣无缝也。"善人"谓有德之人，《德经》之终以此语也宜。妙哉，善哉！

附 录

一、谈天说道话本源

朋友，也许您曾听说过"三教九流"这句俗话。"三教"指儒教、道教、佛教，这是近两千年来在中国封建社会中影响最大的三种思想文化。三教中的道教，是中国古代唯一土生土长的宗教，它对我国封建社会各个时代的政治、经济、学术思想、宗教信仰、文学艺术、科技以及民风民俗等各方面，都有着重要的影响。鲁迅先生曾说："中国的根柢全在道教……以此读史，有多种问题可迎刃而解。"

那么究竟何为道教？简单地说，道教意指"道"的教化和说教，或者说就是信奉"道"，企图通过个人的修炼而成仙得"道"的宗教。但是道教所谓的"道"，又是什么含意呢？这说来话长，需要追溯到道教的前身——春秋战国时期的"道家"学说。

我们知道，道家是春秋战国诸子百家学派之一，这一派的代表是老子和庄子。他们主张宇宙间的天地万物都源于一个神秘玄妙的母体——"道"。道具有无形无名，自然无为，既不能被看见摸到，又不可言说的性质，是天地开辟之前宇宙浑沌混一的原始状态，也是超越现实世界一切事物的宇宙最高法则。空虚无形的道化生出最初的元气物质，元气分而为阴阳，阳气清轻上升为天，阴气重浊下凝为地，天地阴阳的冲和交感又产生了万事万物，而人为万物之灵长，与天地相合为三。老子说："道生一，一生二，二生三，三生万物，万物负阴而抱阳，冲气以为和。"这便是道家关于宇宙生成的基本理论。

道家的宇宙学说在汉代影响很大，东汉时开始形成的道教继承了道家思想，并以其作为宗教创世神学的理论基础。但是道教更加突出了"道"的神秘性和超越性，把它神化为具有无限威力的宗教崇拜偶像，成为具有人格的最高神灵。道教认为："大道"不仅在先天浑沌时代化生了天地万物，而且还在后世，即有史以来的人类文明时代，不断变化其身形名号，降临人世，辅佐帝王，救助危难，传经布道，教化民众。"太上老君"（即老子本人）便是大道降世传教时的化身。他有许多名字，如老聃、李耳、李弘等等。

据说东汉顺帝时，老君降临蜀郡鹤鸣山（在今四川省大邑县境内），以"正一盟威之道"传授天师张道陵，使之教化民众，从而创立了道教最初的一个道团——五斗米道。所以五斗米道最初便奉"大道"为最高神，以太上老君为教祖。实际上，五斗米道是东汉巴蜀地区民间鬼神迷信和巫术活动与道家宇宙论相结合的产物。东汉魏晋时期，像这一类自称为"道"的宗教组织在民间还有许多。南北朝以后，道教崇拜的神有了变化，形成了以元始天尊、灵宝天尊（即太上大道君）、道德天尊（即太上老君）为首的神灵崇拜体系，合称为"三清"。但是道教徒对"道"及老子的信仰仍然一直不衰，道教经典中也不断编造有关老子降世显灵的神话故事。因此，道教作为一种宗教，虽然与先秦的道家学派不完全是一回事，但二者在历史上毕竟有着难解难分的关系。道教之所以被称为道教，其根本原因就在于它渊源于道家学说，是道家思想宗教化的产物。

二、老子怎样成了太上老君

老子是否确有其人，究竟老子是什么时代的人物？历史上一直没有明确的定论。先秦时代把老子、庄子的思想称为道家，老子也就成了道家的创始人，后来的道教推崇道家的思想，老子也就成了道教的祖师。

秦汉时代，有黄老道一派，崇尚无为，尊黄帝、老子。东汉初有楚王英喜黄老之说，尚未立祠祭祀。至桓帝时始为老子立祠，并以郊天乐祀之，这大概是以老子为祖师来供奉的开始。从此老子便成了神，并与天神有了相同的地位。道教建立以后，又有了对老子的进一步神化。东晋葛洪的《抱朴子·内篇》，就说老子身长九尺，黄色，鸟喙，秀眉长五寸，耳长七寸，颜有三理上下彻，足有八卦，以神龟为床，金楼玉堂，白银为阶，五色云为衣，重迭之冠，持锋铤之剑，等等。完全是一副怪异的形相，而且已把老子称为老君，上面的形相就是所谓"老君真形"。

关于老子的时代履历，汉代即已形成一种说法，言其为楚相县人，曾为周守藏史，孔子曾学礼于老子，后道成化身，蝉蜕度世。从此老子数易姓名，无世不出。传说他在黄帝时号广成子，汉初为黄石公，汉文帝时号河上公，等等。后世有《老子八十一化图》，记述老子历代变化的形象。其实对于老子的这种神化，不过是道教借老子来追述其源流，神化其教派而已。

到了晋代，对于老子的来历也进一步神化，《神仙传》说他是楚国苦县曲仁里人，其母感大流星而有娠，怀之七十二年乃生，生时剖母左腋而出。由于生下来头发都白了，于是称为老子。又其母生之于李树下，生而能言，指树为姓，于是姓李。道教奉老子为帝君，老子也就被尊称为老君。《魏书·释老志》记道士寇谦之遇大神，自称太上老君。太上老君之名大概在南北朝时已成老子之称了。南朝陶弘景《真灵位业图》第四中位为太清太上老君，以其为太清道主，下临万民，已成道教中统治一方的尊神。到了唐代，又在道教太清、玉清、上清三境的说法上，安排了三位大神各主一方，形成了"三清"的说法，太上老君也就被称为道德天尊，与元始天尊、灵宝天尊组合在一起成为了道教的最高神。

老子的神化过程，正是从学派的传人到教派的祖师的过程，也是道教形成、发展，然后逐渐趋于统一的过程。老子从虚到实，从人到神，从太上老君到太上玄元皇帝，老子地位的变化正是道教发展的缩影。

三、老子故乡亳州太清宫

亳州太清宫在亳州真源县（今河南鹿邑县），相传是老子降生之宅。老子是春秋时人，《史记·老子韩非列传》记其事，说是楚苦县厉乡曲仁里人，但关于老子的生平，传说不一，司马迁已不能确指。西汉时，"黄老之学"成为思想学术界的一大潮流。佛教传人中国后，世人又将佛教与黄老道家之说合而观之，佛教的斋祭也因而影响了人们对黄老的奉敬行为。东汉时楚王英始学佛教，斋戒祭祀黄帝、老子，汉桓帝延熹八年（165年），"使中常侍管霸之苦县，祠老子"（《后汉书·桓帝纪》）。老子祠始建于此。

将老子祠扩建为太清宫，事在唐玄宗朝。开元二十九年（741年），诏两京及诸州各置玄元皇帝庙一所，天宝元年（742年）又命亳州真源县先天太后及玄元庙各置令一人。真源县的玄元庙当即东汉老子祠。天宝二年（743年），改西京玄庙为太清宫，东京玄元庙为太微宫，诸州玄元庙为紫极宫，同年九月，诏"谯郡紫微宫宜准西京为太清宫"（《旧唐书·礼仪志四》）。按《旧唐书·地理志一》，玄宗天宝元年（742年）改亳州为谯郡，谯郡真源县即汉苦县，有老子祠。据此，老子祠定名为太清宫，事在天宝二年（743年）九月。

唐皇朝将太清宫尊为祖庙，据《旧唐书·礼仪志四》载：天宝三年（744年），"两京及天下诸郡于开元观、开元寺，以金铜铸玄元等身天尊及佛各一躯"。太清宫建成后，"命工人于太白山采白石，为玄元圣容，又采白石为玄宗圣容，侍立于玄元之右。皆依王者衮冕之服，缯彩珠玉为之。又于像设东刻白石为李林甫、陈希烈之形。及林甫犯事，又刻石为杨国忠之形，而瘗林甫之石。及希烈、国忠贬，尽毁瘗之"。一些宠相弄臣也曾挤列到玄元皇帝（老子）像侧。天宝八载（749年），玄宗朝太清宫，加圣祖玄元皇帝（老子）尊号曰圣祖大道玄元皇帝，"自今以后，每至禘祫，并于太清宫圣祖前设位序昭穆"。太清宫成了皇室祭祀祖先的"家庙"。以上说的应是西京太清宫。据唐末杜光庭《道教灵验记》所载,亳州太清宫的礼仪制度与上述西京太清宫相同,有唐高祖、太宗、高宗、中宗、睿宗、明皇六圣御容,列侍于老君左右。

据杜光庭说,亳州太清宫的建置源流及规模,"历殷周至唐,而九井三桧宛然常在。武德中,枯桧再生,天宝年再置宫宇,其古迹自汉宣、汉桓增修营葺,魏太武、隋文帝别授规模"。唐时规制,有"两宫二观,古桧千余树,屋宇七百余间,有兵士五百人镇卫宫所"。宋真宗大中祥符七年,祀老子于太清宫,加封老子为太上老君混元上德皇帝。以后历代修葺,迄今保存有唐宋碑刻及清建大殿五间,四周汉柏围绕,为河南省重点文物保护单位。

四、老子与道教气功

道教中把呼吸的锻炼称作"调息"。调息法是道教气功的基础,也是一种很好的养生健身的手段。道教的调息法有胸式呼吸、膈膜呼吸、腹式呼吸、意念呼吸和胎息。

胸式呼吸,就是通过调整肺部的呼吸次数、间歇时间、呼吸深度,使呼吸达到缓解均匀、自然柔和,使肺活量增大,肺通气性增强,肺的呼吸频率明显减少,这样不仅能增强肌体呼吸系统的功能,而且对血液循环系统、消化系统等方面都有良好的影响。

膈膜呼吸,呼吸时要求下腹部向外扩张,胸部和肩部保持不动。吸气时胸腹部稍有紧迫感,随着呼气,双手可轻轻压迫上腹部,帮助气体的排出。呼气后,膈膜和胸腔肌肉放松,紧迫感就随之消失了。经过反复多次的练习,呼吸频率可逐渐变慢,呼吸变得有规律,自然流畅。

腹式呼吸与膈膜呼吸相仿,只是呼吸深度加大,气沉下腹肚脐周围,加大腹肌的运动,呼吸节奏更深沉缓慢有力。

意念呼吸是指在精神作用指挥下,有意识地诱导思想专注于身体某一个部位(道教称为"意守"),进行呼吸调整。意念专守某个部位,使思想不涣散,呼吸自然放松。心平气和,呼吸节奏达到缓匀状态,意气合一。

胎息，意为闭气不息。《抱朴子·释滞》说："得胎息者，能不以鼻口嘘吸，如人在胞胎之中。"道教认为，用鼻呼吸，"一窍即开，元气外泄，泄而不止，劳及性命"。所以强调呼吸的深沉，强调吸之以踵，使身体内部的呼吸自我循环，如同婴儿在母腹中的呼吸状态，又如同龟鹤入蛰时的呼吸方法。

调息法中最基本、最重要的是调整呼吸节奏，加大呼吸深度，扩展肺的吐纳功能。人的呼吸，本来就是吐故纳新的过程，吸纳新鲜空气，在道教中有许多方法，如服六戊气法、服三五七九气法等。锻炼吐故气则有吹、响、呼三种方法。吹是吹出凉气，响是呵气，呼则是呼出体内废气。隋唐以来，在这三种方法的基础上，又发展成吹、呼、唏、呵、嘘、咽六种。唐代著名道士司马承祯《服气疗病论》说："凡行气，以鼻纳气，以口吐气，微而引之，名曰长息。纳气有一，吐气有六。纳气一者谓吸也，吐气六者谓吹、呼、唏、呵、嘘、咽，皆出气也。"古代利用这六种方法来治疗自身中某些不适，如："吐气之法，时寒可吹，温可呼。委曲治病，吹以去热，呼以去风，唏以去烦，呵以下气，嘘以散滞，咽以解极。"这六种方法，只不过是区分吐气时不同的深浅度。

道教调息法宗旨是通过呼吸锻炼，增强肺部的活动能力，加大氧气的摄入量，扩大二氧化碳的排出量。呼吸中要求气息均匀，轻缓而深长，达到调息健身的目的。

最重要的是调整呼吸节奏，加大呼吸深度，扩展肺的吐纳功能。人的呼吸，本来就是吐故纳新的过程，吸纳新鲜空气，在道教中有许多方法，如服六戊气法、服三五七九气法等。锻炼吐故气则有吹、响、呼三种方法。吹是吹出凉气，响是呵气，呼则是呼出体内废气。隋唐以来，在这三种方法的基础上，又发展成吹、呼、唏、呵、嘘、咽六种。唐代著名道士司马承祯《服气疗病论》说："凡行气，以鼻纳气，以口吐气，微而引之，名曰长息。纳气有一，吐气有六。纳气一者谓吸也，吐气六者谓吹、呼、唏、呵、嘘、咽，皆出气也。"古代利用这六种方法来治疗自身中某些不适，如："吐气之法，时寒可吹，温可呼。委曲治病，吹以去热，呼以去风，唏以去烦，呵以下气，嘘以散滞，呬以解极。"这六种方法，只不过是区分吐气时不同的深浅度。

　　道教调息法宗旨是通过呼吸锻炼，增强肺部的活动能力，加大氧气的摄入量，扩大二氧化碳的排出量。呼吸中要求气息均匀，轻缓而深长，达到调息健身的目的。

老子是我国人民熟知的一位古代伟大思想家，他的《道德经》开创了我国古代哲学思想的先河，这是一部凝结着中华民族深邃智慧的不朽之作。用心去品读老子，总会有很多的心得收获：

1. 老子把天地万物之生的总原理称为"道"，而且老子认为道的作用，是没有意志的，是自然如此的。万物之所以成为万物的原因就在于道。在老子看来，"道"是看不见、听不到、摸不着、恍恍惚惚的东西。道，无形无状，是宇宙唯一的存在，"先天地生"，为"万物之始"，是一个终极实在，是万物的根源。并且在本质上道是不可界定和不可言说的，不能以任何对象来限定它，我们也很难将其特性用语言表达出来。而老子对"道"的称谓也有很多，包括"无"、"朴"、"一"等。道是一种无限的、无终止的状态，是一切事物产生的源泉。

"道"不是静止不变的，而是处在永远不停息的，流转与变迁的过程中。"道"还可以视作阴阳、刚柔等两相对峙的力量、事物、原理之相互转化。在"有"、"无"这两个概念上，老子认为无是对于具体事务的有而言的，所以无并不是零或什么都没有的意思。"无状之状，无物之象"是老子对于道"无"的外表的形容。

道为天地万物所以生的总原理，不是指具体的事物而言的，而"德"为具体事物生的原理。在老子看来，德是道寓于具体事物的表现，也就是说德是物体从道那里得到，而可以成为事物的原理。"道生之，德畜之"，这句是老子对于道与德之间的关系的论述。在老子看来，物体的具体表现是"形"，而物体之所以可以成为物体本身，是道德两者作用的结果，也是自然作用的结果。

2. 老子对宇宙事物的变化的看法。

老子认为，事物的变化规律可以用"常"。"常"具有普遍永久的意思，所以"道"也可以称为"常道"。而从常道内除的"德"，可以称为"常德"。而称道为"无"，就又可以称"常无"；称道为"有"，又可以称为"常有"。老子认为"知常为明"，知道明白"常"的人，依常来规范日常的行为，不轻易为自己谋私利，就可以称为公了。"知常"指的是依之而行，则又可以称之为"袭明"，或"习常"。而如果我们不知道宇宙间事物变化的规律，而违背规律，任意而为，是不利于事物的正常发展。而事物的变化有一个很大的特点，即当一个事物的发展如果达到了极点，则必然会向事物的相反方向发展。老子称为"反"或"复"。所以老子才有"天下之至柔，驰骋天下之至坚"，和"天下莫柔弱于水，而攻坚强者莫之能胜"，这样的论述。

3. 老子在为人处事的做法上的观点。

因为一个事物的发展至极点，必然会向其反面发展变化。所以要能维持它的发展而不至于变为它的反面，就必然要先了解它的反面，在发展过程中不让其到达极点。有人说老子的哲学是强人的哲学，他教导强者要收敛光芒，以弱居之。这是老子正反两面会互相转换的理论的运用。如三十六章云："将欲翕之，必故张之；将欲弱之，必故强之；将欲废之，必固兴之；将欲夺之，必固与之……是谓微明。"自居于弱势、静态而保持一种弹性，促使敌对一方向膨胀、夸张发展以至成为脆弱，即产生盛衰的对转，这确实是看得很深。

老子强调"不盈"、"不争"、"致虚极，守静笃"，"柔弱胜刚强"。老子的这一原则叫做"无为而无不为"，即不特意去作某些事情，依事物的自然性，顺其自然地去做。老子主张"为学日益，为道日损"。就是说，学习知识要积累，要用加法，步步肯定；而把握或悟"道"，则要用减法，步步否定。老子认为，真正的智慧，必须从否定入手，层层除去表面的偏见、执着、错误，穿透到玄奥的深层去。也就是说，面对现象，要视之为表相；得到真理，要视之为相对真理；再进而层层追寻真理之内在本质。

4. 老子对仁义、礼的见解。

不同于儒家学派的观点。在老子看来，我们所讲的仁义和伦常，都是因为"道"丧失的结果。而且只有在大道荒废、国家混乱和家庭不和的时代，仁义礼法才会成为社会的需要。所以老子认为应该废止文明和仁义，从小康社会回到"大道之行也"的"公天下"时代，即没有邪恶，不需要道德规范制约人们行为的，真正充满道德、仁义、孝慈、信义的小国寡民时代。小国寡民的社会是老子的理想社会模式，在这个社会中人们"甘其食，美其服，安其居，乐其俗"。

5、老子的政治及社会哲学

《老子》的中心，是阐述自然无为的政治哲学。在政治方面，《老子》主张"虚静无为"，即反对以人为的手段，包括种种文化礼仪来干涉社会生活，尊重生活的自然状态；关于人生态度，《老子》也主虚静、退让、柔弱，但这并不像后人所理解的那样消极，因为《老子》所推重的"阴柔"，实是一种长久之道和致胜之道。

因为物极必反的规律，所以在社会政治制度上，如果太过于强调某一反面，会产生相反的效果。"天下多忌讳而民弥贫。民多利器，国家滋昏……法令滋彰，盗贼多有"。所以老子所主张的政治哲学和行事方式的核心是"无为"。即注重于取消一切导致混乱的源泉。以无为为之，以不治治之。"我无为而民自化，我好静而民自正，我无事而民自富，我无欲而民自朴。"在老子看来，"无为"是圣人"治天下、取天下"的基本原则。老子提倡无为，其形上依据是"道常无为而无不为"，其现实政治理由是"我无为而民自化"、"为无为，则无不治"。无为是针对有为而发的。老子认为，"民之难治，以其上之有为，是以难治。"无为也指感物而动，遇事而为，事先没有设想要做什么事。

化延伸
——与本书内容有关的图书、影视

《庄子》

研究缩影

《庄子》又名《南华经》，是道家经文，是战国早期庄子及其后学所著，到了汉代道教出现以后，便尊之为《南华经》，且封庄子为南华真人。其书与《周易》《老子》合称"三玄"。庄子的文章，想象奇幻，构思巧妙，多彩的思想世界和文学意境，文笔汪洋恣肆，具有浪漫主义的艺术风格，瑰丽诡谲，意出尘外，乃先秦诸子文章的典范之作。庄子之语看似夸言万里，想象漫无边际，然皆有根基，重于史料议理。

《周易》

研究缩影

即《易经》。它承载了过多的历史使命和任务，虽不乏文采和哲理，是儒家（思想掺有道教思想）重要经典之一，相传系周人所作，内容包括《经》和《传》两个部分。《易经》是中国传统思想文化中自然哲学与人文实践的理论根源，是古代汉民族思想、智慧的结晶，被誉为"大道之源"，是古代帝王之学，政治家、军事家、商家的必修之术。

影视

剧情简介：

2010年国产动画片《老子》，导演：严定宪。主演：岳兴才、陈俊。集数52集，出版公司：安徽歌华鸿坤文化发展有限公司。本片讲述老子由一个出身贫寒、聪慧勤奋的少年，成长为东方哲人的故事。通过"论辩启智""拜师寻道""上善若水""紫气东来"等一个个精彩纷呈的故事，来演绎老子一生行道的传奇故事。

名家链接

庄子,名周,字子休(亦说子沐),宋国蒙(今河南商丘,一说安徽蒙城)人。他是东周战国中期著名的思想家、哲学家和文学家,为道家学派的主要代表人物之一。形成了华夏重要的哲学学派庄学,庄学是中国古代最重要的哲学思想之一。庄子最早提出"内圣外王思想"对儒家影响深远;庄子洞悉易理,深刻指出"《易》以道阴阳";庄子"三籁"思想与《易经》三才之道相合。他的代表作品为《庄子》,其中的名篇有《逍遥游》《齐物论》等。

1.庄子

孔子名丘,字仲尼。祖籍宋国夏邑,出生于鲁国陬邑。东周春秋末期著名的思想家、教育家、政治家。孔子开创了私人讲学的风气,是儒家学派的创始人。孔子曾带领部分弟子周游列国十四年,晚年修订了六经,分别为:《诗》《书》《礼》《乐》《易》《春秋》。相传他有弟子三千,贤弟子七十二人。孔子去世后,其弟子及其再传弟子把孔子及其弟子的言行语录和思想记录下来,整理编成了儒家经典《论语》。孔子在古代被尊奉为"天纵之圣""天之木铎",是当时社会上的最博学者之一,其儒家思想对中国和世界都有深远的影响,孔子被列为"世界十大文化名人"之首。

2.孔子

经典语录

1. 道可道，非常道。名可名，非常名。无名天地之始；有名万物之母。

2. 天下皆知美之为美，斯恶已。皆知善之为善，斯不善已。

3. 有无相生，难易相成，长短相形，高下相盈，音声相和，前后相随。恒也。

4. 不尚贤，使民不争；不贵难得之货，使民不为盗；不见可欲，使民心不乱。是以圣人之治，虚其心，实其腹，弱其志，强其骨。常使民无知无欲。使夫智者不敢为也。为无为，则无不治。

5. 天地不仁，以万物为刍狗；圣人不仁，以百姓为刍狗。

6. 多言数穷，不如守中。

7. 谷神不死，是谓玄牝。玄牝之门，是谓天地根。绵绵若存，用之不勤。

8. 天长地久。天地所以能长且久者，以其不自生，故能长生。是以圣人后其身而身先；外其身而身存。非以其无私邪？故能成其私。

9. 上善若水。水善利万物而不争，处众人之所恶，故几于道。

10. 居善地，心善渊，与善仁，言善信，政善治，事善能，动善时。夫唯不争，故无尤。

版权所有　侵权必究

图书在版编目（CIP）数据

老子/（春秋）老子著. -- 长春：北方妇女儿童出版社，2016.2（2021.2重印）

（中华国学经典全民阅读书库）

ISBN 978-7-5385-9717-2

Ⅰ.①老… Ⅱ.①老… Ⅲ.①道家 Ⅳ.①B223.11

中国版本图书馆 CIP 数据核字（2016）第 007781 号

老子
LAOZI

出 版 人	刘　刚
责任编辑	吴　桐
开　　本	710mm×1000mm　1/16
印　　张	13
字　　数	165 千字
版　　次	2016 年 2 月第 1 版
印　　次	2021 年 2 月第 3 次印刷
印　　刷	三河市华晨印务有限公司
出　　版	北方妇女儿童出版社
发　　行	北方妇女儿童出版社
地　　址	长春市净月开发区龙腾国际大厦A座
电　　话	总编办：0431-81629600
定　　价	29.80 元